孩子受益一生的思维整理训练

收纳

[日] 广泽克美 著

金花

中国华侨出版社

·北京·

图书在版编目（CIP）数据

收纳，孩子受益一生的思维整理训练 /（日）广泽克
美，金花著 .-- 北京：中国华侨出版社，2020.8（2021.10 重印）
ISBN 978-7-5113-8248-1

Ⅰ.①收… Ⅱ.①广… ②金… Ⅲ.①习惯性—能力
培养—儿童教育—家庭教育 Ⅳ.① G782

中国版本图书馆 CIP 数据核字（2020）第 123622 号

收纳，孩子受益一生的思维整理训练

著　　者：（日）广泽克美，金花
责任编辑：黄　威
策划编辑：张意妮
文字编辑：张　丽
装帧设计：平　平
经　　销：新华书店
开　　本：710mm×1000mm　1/16　印张：12　字数：120 千字
印　　刷：朗翔印刷（天津）有限公司
版　　次：2020 年 8 月第 1 版　　2021 年 10 月第 2 次印刷
书　　号：ISBN 978-7-5113-8248-1
定　　价：49.80 元

中国华侨出版社　北京市朝阳区西坝河东里 77 号楼底商 5 号　邮编：100028
发 行 部：（010）57484249　　　　传真：（010）57484249
网　　址：www.oveaschin.com　　　E-mail：oveaschin@sina.com

如果发现印装质量问题，影响阅读，请与印刷厂联系调换。

推荐序　学会整理就是学会选择

日本专门家检定协会 理事 池田惠美（日本）

如果能尽早读到这本书，孩子的人生一定会大不同。

和传统的玩具、物品整理教学书籍不同，本书设身处地地站在读者立场，以尽可能贴近现实生活的视角，理解家长们的亲子教育烦恼，创造令人耳目一新的理念和方法。

学习成绩固然重要，但每个孩子作为独立的个体，都必须面对和完成关于成长的更多课题。在本书中，我们将从整理和收纳角度和大家探讨与众不同的"成长"意义，呈现一种全新的成长启示。

这是改变思考方式的一本书！

为什么必须懂得如何打扫和整理？其实，人生就是关于学习、工作、生活以及人际关系的反复整理，以及由此带来的各种选择。我们可以毫不夸张地说，从小就懂得认识自我，学会整理，一定会对孩子的未来产生巨大影响。而本书就包含诸多在学校无法学到的知识和价值，将令父母和孩子都毕生受用。

哪怕你还没有为人父母，如果你想掌握更多培养下属的领导力，本书也会带来极大的启发。

自序 孩子的收纳习惯里，藏着他的未来

广泽克美　　金　花

　　在这个世界上，总有一些孩子是在乱糟糟的家庭环境里出生和长大的。在他们的潜意识里，"凌乱的家"是习以为常的存在。但在长大后的某一天，他们可能会无意中"发现"那些干净整洁的居住环境，并由此感叹秩序是精致生活的重要组成部分，可惜自己已经错过了培养整理能力、打造精致生活的最佳时间。

　　还有一些孩子在长辈"一手包办"的环境中长大，除了学习成绩，他们丝毫不必关心家务琐事。久而久之，这些孩子失去了好奇心和动手能力，甚至变成了"巨婴"。当这些父母眼中的"好孩子"渐渐长大，他们会遗憾地发现，离开父母的独立生活简直难以想象。而缺失重要生活技能的他们，往往容易对人生感到迷茫，甚至不懂得如何去爱。

　　作为父母，我们总是期待孩子前程似锦、生活幸福。但我们是否想到过——我们是否能陪伴孩子走完属于他们的一生？是否真正思考过——一旦离开了父母，孩子将如何抵御人生中的风浪？除了考试、升学、高薪工作之外，他们该怎样面对生命中更多未知的难题？

　　我们是不是忽略了一些看似普通却充满了智慧的生活能力——

整理收纳能力——让孩子变得心灵手巧、充满勇气，懂得关爱他人，用勤劳的双手为自己打造出温馨有序的小天地，并在纷繁激烈的社会竞争中找到心灵的港湾。

在本书中，我们将抛开所有干扰，回归这一质朴却充满学问的话题——整理。

众所周知，在人的一生中，居家时间占全部生命的1/3以上，日常生活中的舒适感因此显得无比重要——整理能力所带来的意义即源于此——整理能让人拥有平和的心境，有效地减少获取物品的时间，有助于我们更加集中注意力，提升想象力和决断力。

然而，整理是否仅仅意味着收拾房间？

当然不是！事实上，"整理"的意义远不止于让空间变得干净整洁，它更意味着逻辑思考能力和决断能力。

如果我们回想平日学习和工作中经常遇到的情况，就不难发现：对所有处于正在进行、尚未完成的事务而言，前一项的"未终止"，即意味着下一项的"无法开始"。如果我们在一件事情还没结束时就开始做另一件事情，就很容易使前者半途而废。一旦这类情况持续发生，就导致那些无法完成的事务不断堆积，甚至于泛滥成灾。

因此，如果无法管理好进行状态中的事务的先后顺序，无法掌控它们的整体进度，那么一个人的学习和工作就容易变得缓慢、低效，甚至会半途而废。

也正因为如此，我们才需要做好整理规划，学会根据物品的使用频率、个人习惯以及事务的轻重缓急进行优先顺序的判断和排列。这需要一个人从小就通过整理房间、收纳物品等，记住整理的基本要领，在反复尝试中锻炼解决问题的能力。

整理，意味着想方设法归置物品，思考房间的整体规划，还需要同时考虑如何确保便捷性和舒适感。正如进行中的工作要依照轻重缓急的不同程度来处理，使用中的物品也需要不同的整理和收纳方法，来创造更令人舒心的空间。

整理，还意味着"选择"，即发现自己的人生目标，寻找并确定有效的实现途径。虽说多数人无法从小就明确人生目标，但绝大多数人在很小的时候就已经具备"喜欢的玩具""好玩的游戏""正在玩的东西"等简单概念——这其实是培养发现和判断能力的起点，可以将我们的孩子引向既规范有序，又充满精彩的未来。

作为本书的作者，我衷心期待更多孩子能乐于发现并创造性地运用这些"起点"，从小培养高效判断和选择的能力，在最短时间内找到最合理的解决方案，让自己逐渐变得充满智慧和主动性，不怕外界的纷纷扰扰，且始终能够掌控属于自己的美好人生。

这，就是我希望各位家长和孩子了解的关于整理和收纳的学问。

目录
C O N T E N T S

第三部分 从收纳而来的"大脑整理"术

父母实践

整理随身物品的能力，
也是整理思维的能力

第一部分

从物品整理到时间、思维的整理

　　所谓"整理"，是指按照"需要"和"不需要"的标准对物品进行区分。为什么"会整理"具有诸多优点？首先，无论是日常生活中的房间、物品等家务整理，还是带有专业色彩的学习和工作整理，其思路都是彼此呼应、触类旁通的。

　　"凡事预则立，不预则废"，准备充分可以令项目更顺利、高效地推进，最终达到预期目标。而整理行为的基本要素，就是日常生活中"将物品放在固定位置""需要的时候可以快速找到""用完后放回原位"这些简单动作的不断重复。

　　不断重复这样的整理行为，就会使人形成良好的物品使用习惯。而这样的习惯日积月累，就会使生活变得有条不紊，并最终让人生变得规范。

　　有这样一段耳熟能详的名言：注意你的思想，它们会变成你的语言；注意你的语言，它们会变成你的行动；注意你的行动，它们会变成你的习惯；注意你的习惯，它们会形成你的人格；注意你的人格，它们会决定你的命运。

　　学习的过程，也就是大脑的信息积累的过程。天长日久，方可水到渠成。学习过外语的人都明白，只有通过日积月累的训练，才能理解和掌握一门全新的语言。

而整理也是如此，只要养成习惯，就会形成潜意识，不必刻意提醒自己"必须收拾好""今天一定要做"。

关于收拾

整理不受遗传和性格因素影响，而是一种生活习惯。

我们将"整理"所能带来的效果大致分为五个方面，它们包括：

1. 改善视觉环境

这是可视效果所带来的好处，即人们会因为干净整洁的房间而感到心情舒畅。

众所周知，如果我们的眼睛接触过多的信息，大脑就会不自觉地进行各种思考，诱发疲劳感。换言之，当我们的大脑处于无意识的工作状态时，同样会引发疲劳。因此，要想让我们的大脑处于舒适的状态，首先就要减少信息的摄入量，让大脑处于平静状态，从而更有利于全身心的放松。

当房间变得整洁有序，会带给我们舒畅的心情，由此提升干劲——这种干劲不仅是在整理中产生，也会在其他的行动中产生。通过"整理"改变人生，就是这个道理。

2.节省时间与精力

过量的物品容易导致管理成本不断增加，从而在不知不觉中浪费你的时间和精力。

如果你能控制物品的数量，并确保这些物品都处于有秩序的状态，便于拿取、使用、存放，便能终结物品容易"失踪"的烦恼，同时也能避免它们干扰你和家人，省去了因为寻找物品所浪费的时间。而节省的时间可以用在更多有意义的事情上。

3.物尽其用

相信很多人都有这样的经历：在有些物品找不到时，我们明明确定地知道它一定就在家里的某个地方，却怎么也想不起存放的具体位置。这种情况往往让人无奈又不知所措。还有，我们时常会情不自禁地购买自己喜欢的商品，却忘记我们已经拥有了同样的物品，而且它一直处于闲置状态。

此外，当我们决定进行整理收纳的时候，往往会不假思索地购买一些并没有实际意义的收纳工具，最终却没有物尽其用……总之，诸如此类的情形都是导致物品泛滥的原因，也让我们白白浪费了不少资源与金钱。

4.提升思考和信息摄取能力

在能见度高、视野清晰的情况下，人的注意力就会增强。由于视线没有任何干扰，信息就会一目了然地映入我们的眼睛，大脑就不必承受太多负担，做事效率会随之得到极大的提升。相反，凌乱的环境容易干扰人的判断力，令人感到焦躁不安；同时也会让人无法集中精力，思考和总结的能力也会随之下降。

5.陶冶气质、提升品位

长期生活在整洁美好的环境中，心境会变得平和，那份由内而外的安宁气质会带来更多幸福感，让你发掘自身更多的潜在价值。而通常来说，人只有先找到自我价值，才能去发现他人的价值。这种价值感会让大家更深刻地认识到自己和他人的存在意义，从而具备更多的同情心和同理心。

反之，伤害行为往往是没有自信的表现。

当你能妥善进行整理、打扫等一系列的内务管理后，生活质量必将得到有效改善，言行举止间所流露出的个人品位也会得到提升——当然，这些都不是一蹴而就的，而是天长日久的成果。

明白了这些，接下来我们就开始行动吧。整理会带来习惯的改变，以及生活的改变。整理让我们养成好习惯，好的连锁反应会自然地发生在我们身上。了解了整理带来的效果，再进一步整理就会事半功倍。

珍惜物品的行为

身处物资匮乏年代的人们对"物"的重视程度，让今天的我们无法想象：袜子穿破了再缝，锅用坏了就修……几乎所有物品都会一直坚持用到"无可救药"为止。

例如，实在无法修补的衣服可以当抹布，穿旧的毛衣可以拆解后重新织成其他样式等……物品被人们一遍又一遍重复使用，无疑是那时的常态。此外，由于当时的商店不提供塑料或纸质包装袋，人们习惯带着竹篮或布袋出门购物。因此，很少产生不可分解的有害垃圾。

我[1]的祖母就出生在一百多年前的那个时代，在我的记忆里，祖母在世时每天都会很早起床打扫玄关。而为了方便打扫，玄关几乎没有多余的物品。在传统日本人的心里，玄关是迎接客人的重要场所，是带来"好运"的地方。当时的人们普遍认为，只要把玄关打扫干净，幸运之神就会降临。

打扫完玄关以后，祖母开始准备早饭，并在早饭后收拾碗筷、打扫房间、洗衣服——她似乎一整天都在劳作。那时也没有现在的

---

[1] 编者注：这里的"我"指本书作者之一广泽克美。

速食和冷冻米饭，调味料很少，味噌、蛋黄酱、番茄酱等都需要现做。手工制作梅干、咸菜、点心等也需要花费不少时间和精力。

那时没有吸尘器，主妇们只能用扫帚和抹布做地板清洁，家具、玻璃、厕所和浴室也需要每天打扫，厨房总会在每天晚上睡觉前被清理得闪闪发亮。较大的床单、毛巾等物品会用洗衣机清洗，较小的袜子、内衣等则一律手洗，所有的物件在阳光下晒干后便会被细心折叠起来，放入传统的抽屉式衣柜里。

而祖母在每晚睡觉前会再一次打扫玄关，悉心抹去那些因为一天出入而落在玄关的垃圾和灰尘。在她的长期照看之下，老旧的屋子始终温馨舒适，即便附近新建了那么多漂亮房屋，这里却依然令人难以忘怀。

"心情舒畅"的状态，对每个人而言都很重要，不同的人会拥有不同的"自我肯定感"。而"自我肯定感"较高的人，更容易得到认可，变得自信、不惧挑战，进而获得成功。

这种自我肯定感往往源于长期的环境影响，如果人长期身处杂乱的环境中，就会在潜意识里认为"我适合生活在杂乱中"，从而变得低沉、消极。

"杂乱"，是一种长期形成的环境状态。散落的物品、多余的物件、肮脏的状态在不断积累中会变得不堪入目。孟子有句话——"居移气"[1]，意思就是说，居住的场所和环境会影响人格，使人产生很大变化。西方也有一种叫"破窗理论"的环境犯罪学理论，

---

[1] 编者注：出自《孟子·尽心上》

认为如果对被损坏的建筑物窗户置之不理，那扇窗户就会变成一种大众心理暗示，即破坏是无关紧要的行为。如此一来，其他窗户也会相继遭到破坏。

同理，公共道德的下降和社会环境的恶化，也是从插队、乱扔垃圾等违反公共良俗的行为开始的。正如人们曾进行过的实验：在很多自行车里随机选择一辆，把垃圾放进那辆自行车的车篮里，此后过路人也会不断地把垃圾放进其他车篮里。

由此可见，公共秩序和卫生意识缺乏的地方，所有空间都可能变成垃圾箱。

居家、学校空间等同样如此，一旦秩序混乱，就会使人完全失控。相反，如果干净的状态成为习惯，乱丢垃圾等行为大概率也不会发生。

干净整洁的环境需要通过打扫来实现，而"减少物品"，只是简单打扫的一部分。

举个最简单的例子：空无一物的地板和桌子可以被快速打扫干净，但是如果地面上堆满了杂物，那么就连扫地机器人也无所适从，环境就越来越脏。因此，整理是保持清洁的必要环节，甚至先于打扫。

正如上文提到的"破窗理论"，一旦一个杯子被随意放在桌子上，那么随后桌子上就会有第二个、第三个……

没有人能在混乱的桌面上工作，也没有人能让信息混乱的大脑进入学习状态。美国普林斯顿大学的神经科学家研究认为："杂乱无章的环境会分散注意力。"也就是说，物理上散乱的状态会对大脑造成压力，削弱自主思考能力。

最近日本流行着一种叫"客厅学习"的起居室或餐桌学习理念，大家普遍认为这对提升学习能力有很大帮助。但这并不等于说只要在"起居室"里学习就万事大吉了。要明白，这种理念旨在强调——整洁、有序的环境有助于学习。

整理能力

在人生的各种各样的场合遇到的选择：

由于家人的影响，我从小就会整理房间。现在的孩子从中学时代开始整理也是完全没问题的。通过整理，我们渐渐了解到：在结束一件事后，必须马上做好归置工作，任何事情都不能半途而废。

因此，我们可以从整理物品开始，将整理环境（空间）、管理时间和整理思维（头脑）结合起来。

空间　　时间　　思维

　　整理究竟是什么？是把所有物品排列整齐，还是让空间看起来整洁干净？

　　我们认为，"整理"的意义是把当下所有的物品分为"必需品"和"非必需品"两大类。

　　因此，我们首先必须明确自己的需求、喜好和期待，这是整理物品的最基本前提。如果我们对此还不具备清晰的概念，那么，"整理"的行为自然无从下手。

　　整理，是一种循序渐进的思维和行为过程，我们通过有形物品（比如房间、环境）的整理，理清内在需求和思维方式，并逐步升华至对于各种无形概念（比如大脑、思维）的整理，从而领悟到——从"有形"到"无形"的过程是一种自我认知与生活修炼的方式。

　　如此一来，就能避免"速成"的心理，感受到整理的智慧。

　　作为现代人生活必不可少的"小伙伴"，包包、衣橱、桌面、抽屉、居室等与日常生活形影不离的物品与空间，即是修炼思维、改变生活的最佳切入点。每个人都可以通过它们掌握整理的诀窍，建立取舍原则和判断标准，让生活焕然一新。

一旦感受到整理空间所带来的清爽和秩序感，我们就会渴望获得更高效的工作和生活方式，由此朝着"整理时间"的方向迈进。于是，钟表、早中晚景色变化等媒介辅助信息便会成为自我管理的有效途径，帮助我们有效分配和管理时间，达成无形的整理目的，并由此实现思维方式和行为习惯的高效管理，最终获得清晰的思维和愉悦的感受。

　　人生是一次长途旅行，探索预示着创造，循序渐进意味着厚积薄发。也许我们不必急于决定最终的目的地，但每个人都需要在扬帆起航之时拥有清晰的航道。

　　远航的人都渴望拥有一片风平浪静的纯净海域，而绝不希望满目皆是海洋垃圾。如果我们都能在航行的过程中获得助力，心无旁骛地驶向未来的目标，那该有多好！

　　正因如此，寻找和规划洁净有序的航道才无比重要，学会在前行中持续思考，根据风向等因素把控时间，不断调整行驶速度，这是每个渴望顺利抵达目的地的远航者都需要掌握的技能。

　　简言之，只有具备理性思维和整理、取舍能力的舵手，才能始终明确航船前进的方向，并最终抵达期待中的岛屿和大陆。反之，就像是在迷雾中冒险，极易偏离航线、徘徊不前，甚至葬身大海。

　　这就是整理的技能和智慧，也是我们想提供给大家的人生助力。

整理中，明白了哪些东西对自己而言是需要的，就能判断自己喜欢什么，讨厌什么，对自己而言重要的是什么。

一旦明确了自己对物品的喜好，我们就可以为自己喜欢的事物分配相应的时间。

回家后要把书包里的东西全部拿出来。让孩子养成把书包放在固定位置的习惯，这对幼儿园尤其是幼升小阶段的孩子是特别好的锻炼机会。这会帮助他们养成良好的生活习惯。

如果书包里有些东西是每天都需要带着的，还需要整理吗？难道不可以一直放在书包里吗？

养成每天检查书包的习惯，以便及时发现书包里有没有塞满垃圾和打印纸，手怕、餐垫有没有弄脏（或湿纸巾和餐巾纸是否备全），铅笔有没有折断，笔有没有墨水等。
通过整理书包，孩子们学会工欲善其事必先利其器，也学会如何善待每一件物品，这在日后漫长的岁月里会成为一种强大的力量。

"收纳"与"塞满"的区别，
体现清晰与混沌的思维差距

　　整理和收纳有先后之分。也许很多人认为，只要掌握收纳的窍门就能一劳永逸，但是，请思考：500毫升的瓶子能装得下700毫升的水吗？

　　想必答案是否定的。

给物品找好家了吗？

放不进收纳空间

14

整理收纳也是同样的道理。如果衣柜的容量已经无法容纳你的所有衣服，那么掌握再多的收纳技巧也是徒劳，你依然不得不处理多余的衣服。正如瓶装水一样，你永远要为多出来的水寻找新的容器，于是容器会越来越多，直到充斥整个居住空间。

经常复乱的原因是

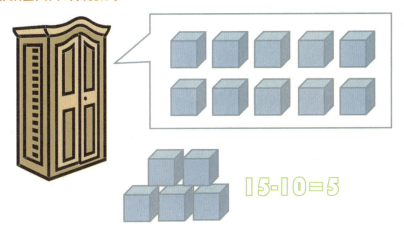

收纳空间内的物品太多

15-10=5

因此，不管拥有多么宽敞的空间，我们都必须制订"只保留当下真正需要的物品数量"的原则。如此一来，居住空间才会在潜意识里被定义成"家"，而非只是用来收纳物品的"仓库"。

由此，我们的整理思路才会变得通透，不再只是为了"看起来干净"而将物品摆放整齐。

杂乱的最大原因

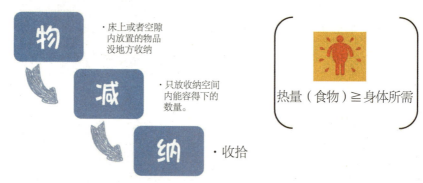

物 · 床上或者空隙内放置的物品没地方收纳

减 · 只放收纳空间内能容得下的数量。

纳 · 收拾

物≧收纳空间

热量（食物）≧身体所需

为了让居家环境保持整洁，请避免在地板上摆放物品

为了让空间更加清洁舒适，很多人会选择铺设更多的地板。地板的可见面积越大，就越容易从整体上给人以宽敞、明净、整洁的空间感。而相同面积的家居，地板可见面积越小，收纳空间就越少，整体感觉也越压抑。

因此，精减物品，就是学着放手，不但为"严选"精品，也为了提升生活品质。这就是我们所定义的"整理"。

经常复乱的原因是

是否认为家里是放东西的地方？！

整理的顺序

我们到底该如何进行有效的整理呢？

首先我们需要明确，一般物品都可分为"生活中必须使用的物品""有人生重要意义的物品"和只是"单纯摆设的物品"这三大类别。

第一种显然是每天都用得到的"生活工具"，比如咖啡杯、牙刷、毛巾、书包、平底锅等，其中也包括偶尔使用的锅和旅行箱。

第二种物品的使用频率没那么高，却具有重要的人生意义，比如装饰画和家人朋友的照片、朋友赠送的礼物以及各种纪念品等。尽管这类物品很特殊，但完全不分轻重缓急地无限增加，也会破坏"收纳秩序"，造成空间混乱。

第三种物品属于完全不需要的范畴。但由于"丢掉太可惜了""也许以后会用到""价格不便宜"等理由而一直没有被处理。

舍弃那些"徒有其表"的东西，只留下"精益求精"的物品，会带来一种完全不同的高品质生活。

所以，"分类"就从现在开始吧，首先让我们一起明确"分类标准"。

分类的"首要准则"，就是根据个人的生活方式和规则，严格限制物品的数量。例如，三年以上没穿的衣服可以处理掉……依据类似这样的规则，制订"保留"和"舍弃"的标准。

很多个人或家庭之所以会让物品泛滥成灾，就是因为没有制订有效的"保留"和"舍弃"标准。

因此，请大家先尝试和学习"制订标准"：

□留下每天使用的东西
□留下使用频率不高但有重要意义的少量物品
□留下多少书

除此之外，你还可以——

为散乱在空间里的物品制订存放标准；

思考如何让需要和不需要的物品分离；

决定是从物品的种类开始整理，还是从摆放场所开始整理，按照什么顺序进行整理。

让我们从了解现有物品具体分为哪几种开始我们的整理之旅。

整理的第一步，就是把想要整理的同类物品集中到一起。比如整理书籍，就要先把家中所有的书都集中起来，而其他物品也同样如此。

书籍一般存放在哪里？书柜？书架？你需要做的就是，首先根据现有的书柜或书架确定合理的书籍数量。舍弃多余的书籍，只留下书架可容纳的数量，这样可以有效地避免多余的书到处散落的尴尬状况。

需要注意的是，在一段时期内，阅读爱好者应该根据确认保留的书籍数量，来选择书柜或书架的大小，根据合理的书籍拥有量制订标准，做好规划。

比如，我们可根据实际情况，对现有书籍按如下概念进行分类："一定要再读一次"的书；"虽然没有读，但是已经放了一年多了，以后大概率也不会去读"的书。后者即可果断地清理掉。

如果始终有类似于"总有一天会读的""不读太可惜了"的想法，整理就会无法进行下去。因为所谓的"整理"，必须抛开金钱得失，而集中考虑自己的居家时间、重点爱好和人生应该如何度过。如果只顾表面得失，就会失去更多无形的财富。

"整理"，是指放弃那些眼下拥有、但一直无法"物尽其用"的物品，由此发掘出更宽敞的空间资源，并为某些"价值浪费"行为画上句号。

"整理"，就是从当下开始，告别"多余"的部分，修炼对"物"的管理技巧，轻装上阵。

整理的起点并非物品，而是场所(房间)，是从空间开始的持续行动。

以整理厨房为例：将厨房里的物品全部拿出来，会花费我们很多时间，因此，我建议采用如下两种方式：

比如：将这些锅全部拿出来进行整理。

很多家庭都会拥有10～20个数量不等的锅，但这些锅并不会每一个都"物尽其用"。经常使用的往往只有少数几个。而整理也就是以"使用频率"为关键词，做有效的数量控制。

我[①]曾经为一对年轻夫妇提供咨询。这对年轻人希望找到一个合理高效的厨房整理方案。他们的厨房充斥着各种各样的锅、餐具和食物。当我询问那位太太日常下厨的频率时，她表示每周也就是一次而已。那么，这些锅从哪里来的呢？

① 编者注：这里的"我"指本书的作者之一，金花。

据说，当地有给新搬家的朋友送锅的习惯。不过，亲戚朋友送的这些锅具往往并不实用，常常是用过一次后便被束之高阁了。有的锅具则是因为"买一送一"被女主人带进家里的——商家提到买一送一时，很少有人会不心动。久而久之，锅具的数量竟然有20多个。

于是，我建议她将所有锅具集中起来，并根据日常使用频率进行分类。当所有的锅具全部展现在眼前时，女主人很震惊。最终，这位太太只留下了6只使用频率高，而且可以通用的锅，其他的锅具则全部赠送他人或处理了。

而另一种做法，则是以抽屉为整理起点。

先将每个抽屉里的物品悉数取出，分为"需要"和"不需要"。然后，在那些需要的物品中，将不适合存放在抽屉里的物品取出，为它们寻找新的收纳空间。

拥有合理数量的物品

一对投资家夫妇刚生完宝宝没多久，想要搬进更大的房子。因为新增了家庭成员，他们总是一味地购入物品，而使居家空间变得越来越狭小，收纳空间无法再满足他们的需求。但其实他们的公寓已具备足够的房间和面积，可夫妇俩还是认为，是因为居住空间的面积不够，才无法满足他们的日常需求。

我们来看看具体情况：

首先，很多人会保留新买的电脑、微波炉等电子产品和家用电器的包装盒，这些物品很容易填满储物柜。其次，在很多房间里，我们都能看到堆积如山的衣服，或是被层层堆叠，或是被随意塞进衣橱。如果家中有新生儿，还会有随处可见的尿布和小衣物。

此外，厨房里总是充斥着各种各样的食材、炊具和餐具，再加上保鲜膜、包装纸和垃圾袋等，显得混乱不堪。卫浴间里则到处都是洗护用品、化妆品和洗涤剂。

塞满东西的婴儿床

食品、餐巾、水壶、健康食品、旅行用牙刷混装在一起

打开门也拿不出东西的杂乱状态

　　尽管物品数量不断增加，但是一些住户似乎总有办法收纳它们，因此购买过不少收纳用具，这虽然能解决一些问题，却无法改变居家空间继续变小的事实。

　　由于物品数量持续增加，收纳完全变成了囤积和储存行为，空间自然会越来越小。

　　这也同时导致了另一个问题：久而久之，储存起来的物品很容易被遗忘，于是又有了一次次的重复购买，等于出现了变相的资源浪费。

　　请注意：所谓高效收纳，并不是机械地将物品储藏起来，而是高效地管理日常物品，实现取用便捷，生活有序。

　　通俗来说，就是我们需要在第一时间里知道什么东西放在哪里，有多少，这样才能好好生活。

顺便提一句，还有很多人喜欢用信用卡提前消费，每个月收入的大部分都用来还上个月的透支额，然后再度进行信用卡透支……如此周而复始。因此这些人尽管收入不菲，但一直存款有限。

与之相似，那些拥有繁多物品的家庭陷入了"物的恶性循环"，且难以根治。

留下必要的物品

正如癌症越接近晚期越难治愈，因此，那些不良的习惯必须从一开始就要引起我们的重视。

如果说整理是"只留下必要的物品"，那么，留下的物品应该放在何处就成了"次重点"。

经常找不到物品的原因，显然是没有将它们放对地方。

一旦决定了物品的固定位置，我们就要用完并及时归位，这样才能解决物品的"失踪"问题，也不会总是重复购买。

虽然我们的空间的面积大小、设计布局多种多样，但是，"与空间特点及个人或全家生活习惯相匹配的整理收纳原则"可谓"放之四海而皆准"。适度的物品数量、固定的位置和及时归位的习惯会带来高效而流畅的生活状态。

比如，餐具的数量和餐柜容量相匹配，书籍的数量不能超过书架容量，家具和收纳工具的大小也要根据所需的物品数量而定。请注意，我们一定不能让物品随意"跑到"地板上、桌面上。

决定收纳的场所

该如何决定物品的固定存放区域？首先必须遵循的原则是：放在便于使用的地方。

例如，厨房里只能有那些必须在厨房里使用的物品：炒锅、平底锅、餐具、食材等。卫浴空间里则需要有毛巾、牙刷牙膏、香皂等清洁沐浴用品。同类物品尽可能放在同一场所。如果散乱地放在各处，就无法知道物品在哪，具体有多少数量，有时甚至导致重复购买。

对于一般的家庭而言，物品分类如下：

☑ 厨房用品

☑ 食物类

☑ 毛巾类

- ☑ 床上用品
- ☑ 洗衣用品
- ☑ 护理用品
- ☑ 化妆品
- ☑ 衣物类
- ☑ 饰品类
- ☑ 教科书类
- ☑ 文具类
- ☑ 书、杂志
- ☑ 书包
- ☑ 兴趣用品
- ☑ 体育用品
- ☑ 电脑用品
- ☑ 旅行箱
- ☑ 家庭重要资料类
- ☑ 医保卡类
- ☑ 药品
- ☑ 修理工具
- ☑ 玩具类
- ☑ 游戏机
- ☑ 电池类
- ☑ 包装类

☑ 纸袋

☑ 宠物类

☑ 季节性装饰品

☑ 其他

收纳案例

收纳前

把抽屉里的东西全部拿出来

※ 每样物品只留下一到两个

※ 按用途分类

※ 小物品进行分隔收纳

收纳后

收纳前　　　　　　　　　　　收纳后

收纳前　　　　　　　　　　　收纳后

"收纳"和"塞满"的区别

塞满

收纳

放得进收纳空间
（能关上门）

清楚哪 些"物品"
"在哪里"

第二部分

根据孩子的年龄与特点，
激发他的收纳力

各年龄段成长特征

· 婴儿时期，他在你的怀抱里。

· 幼儿时期，他在你的手掌间。

· 少年时期，他在你的视线中。

· 青年时期，他在你的心里。

婴儿时期（0～1岁左右）的孩子通过母亲的怀抱获得安全感，随时感受到母爱的温度是婴儿的本能需求，你的拥抱、爱抚以及每一次肌肤的亲密接触，都会提升孩子对于世界的好感度。因此，请千万珍惜这种爱的给予。

幼儿时期（2～6岁左右）的孩子逐渐开始了对世界的初步探索，他们需要迈步向前，故而，此时母亲不再需要时刻抱紧孩子，取而代之的则是牵手。大手牵小手，让孩子在自由探索的同时不会跌倒受伤，是他们安全成长的助力。

少年时期（6～11岁左右）的孩子进入学校，开始了属于自己的人际圈，对世界的探索由此进一步深入，他们会慢慢形成独立意识，拥有自己的小世界。所以，此时，请务必放开你的手，引导他们开启"独立之路"。你需要做的就是思考和帮助，时刻关注四周，赶走那些会妨害孩子成长的危险因素。

青年时期（12岁～18岁左右）的孩子步入了"青春期"，他们的自我意识持续增强，更渴望自由和独立，同时也呈现出内心矛盾、容易烦恼、情感摇摆不定等人格特征。此时，尽管你必须有意识地把他们当作成年人一样去理解和信任，加速孩子的独立能力，但内心的情感依旧会像孩子年幼时一样深沉和充满牵挂。这正是贯穿我们一生的亲子之爱，也是我们经常说的"血浓于水"。

孩子个人成长和心理发展所呈现出的一般规律具有普遍性，这些不同时期的言行特点客观地反映出人类成长中不同时期的心理及生理特征。但与此同时，我们也须留意到存在于不同个体之间的差异性。

孩子的发育过程存在顺序性和方向性，因此，当我们渴望孩子掌握某一项技能，但在某些相关方面还存在不足时，依然可以在实践中进行持续的成长型学习，而无须存在顾忌。比如，语言能力的发育和运动及记忆力的发育密不可分，因此，孩子的语言能力在某个时期出现暂时性的放缓或停滞属于正常现象，不必过于担忧。

举例来说，看起来似乎处于沉睡状态的婴儿，却对于妈妈的声音特别敏感，甚至会在众多不同的声音中准确感知到母亲的存在。由此可见，按照喜好接收环境信息、并对喜欢和厌恶的对象进行区分的行为，源于我们的天性和本能。在个体不同的成长发育时期，这种出于本能的探索会有不同的外在表现。

幼儿期，收纳帮助孩子建立条理性和独立能力

■ 婴儿时期（0～6岁左右＊学龄前）

这个时期的孩子会对好奇的事物采取抓取、拍打、抛投等简单行为，试探其特征和存在感。

人类从出生起即会在日常生活中展现出与生俱来的个性，比如，饥饿时哭泣的程度，睡眠时间的特征，面对陌生环境时的反应等，不同的个体必然会有不同的表现，这并非完全来自父母的养育方法，也有与生俱来的基因个性在发生作用。因而，很多一母同胞的兄弟姐妹也会显现出完全不同的个性与行为特征。

在这个时期，人开始建立起最初的生活概念，具备一定的生活节奏，同时养成基本的生活习惯。尽管他们还不能完全理解诸如"用完以后就要放回去""弄乱了就要整理好""所有的玩具和图书一次只能拿一件，放回原位以后才能拿下一件"等理念和行为，但孩子们会通过长辈的耳濡目染来建立最初意识，等他们长到6个月左右的时候，就会自然而然地模仿父母等最亲近长辈的行为。

因此，良好的习惯从生命伊始就显得无比重要。

9个月大的婴儿开始对"方向"概念建立认知，他们通过成年

人的手指方向了解事物，也开始学会自己指出想要的物件，探索目标，进行分享，并进行物品交换。

与此同时，扩展兴趣和关心的对象也是他们在该时期的重要表现，父母可给予适当的兴趣激发和行为引导，但要注意适可而止。快速、准确地判断出孩子的兴趣点和情绪点非常必要，过多的刺激则会对孩子的发育产生负面影响。

2~3岁的孩子进入了急速成长时期，自我主张越来越强烈，但同时也逐渐学会了自我控制。

4岁左右的孩子开始初步建立为他人考虑的意识，但这并不是真正意义上的关爱情感。他们也会以身边亲近之人（特别是母亲）为榜样。因此在这个时期，如果父母等长辈适当展现出"共情"和"关怀体贴"等行为，就会对孩子产生积极的影响。

此外，这个时期也是通过他人影响来获得自我肯定的时期。"大众认为理所当然的事情未必正确""每个人有不同的养育方式""他人的存在是成长中不可缺少的部分"等理念也是养育者们必不可少的思考点。

★ **生活习惯的特征**

■ 1岁~2岁儿童

·会自己拿杯子、抓食物

·会自己使用调羹

·会自己洗手

·会把垃圾捡起来，扔进垃圾箱

·会自己擦嘴

·会用吸管饮水

·会自己去掉糖果、点心的包装纸

（图片作者：大江JOY）

＊这个时期，慢慢地培养孩子"帮忙扔垃圾""拿出来就放回去"的习惯。

■ 3岁儿童

·会用筷子

·会换衣服

·会用剪刀

·会做简单的智力题

·会画简单的人像

·会穿鞋

·会擤鼻涕

＊由于孩子的手部发育进一步完善，手指变得越来越灵活
了，他们可以做到物品用完归位，他们会在父母的潜移默化和
有意识的引导下自主完成这些行为。如果父母能和孩子一起制
作生动形象的标签，并合理使用，效果就会显而易见。

与此同时，虽然这个时期的孩子脑部发育迅速，但是他们的肢
体协调能力尚有欠缺，需要引导者拥有更多耐心。

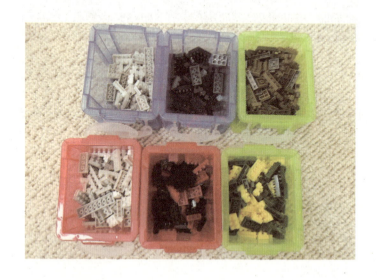

积木和乐高等玩具可以按照颜色和形状分开收纳。按照不同的

颜色和形状收纳可促进大脑思考，有利于养成良好习惯。

拼图等细小的物品放进拉链袋，以防丢失，并能简单拿取。

（图片作者：大江JOY）

（图片作者：大江JOY）

■ 4 岁儿童

· 会洗脸

· 会梳头

· 会自己叠衣服、叠手绢

· 会简单地帮助别人

· 越来越擅长用剪刀、筷子

· 会打蝴蝶结

＊处于该年龄段的女孩会展现出对于某些细小事物的兴趣和敏锐度。比如为玩偶梳头、换衣服、过家家、像成年人照顾宠物一样照顾布娃娃等。家长可以找准时机，引导她们学会整理玩偶的衣服、鞋子以及自己的首饰等，并从中享受快乐。

正如很多成年男子一样，这个年龄段的男孩们往往会对收集产生强烈的兴趣。玩具汽车、变形金刚等都成了他们的心头爱物。对此，引导教育他们将这些收藏品进行整理收纳变得尤为重要。孩子一旦养成了对不同类型的收藏品进行分类，并收进不同篮筐或箱子里的习惯，这些习惯也会自然而然地延续到未来购买的任何物品上。

此外，在人际交往和沟通中，引导孩子正确认识情绪、合理表达感受也具有重要的意义。

（图片作者：大江JOY）

学妈妈照顾玩偶，引导孩子收纳玩偶。

把人偶的衣服和饰品等分开收纳，引导孩子收拾自己的物品和衣物。

（图片作者：大江 JOY）

男孩子喜欢拼接游戏，引导孩子收纳这类玩具，便于下次继续玩。

■ 5 岁 ~ 6 岁儿童

·会使用扫帚

·会绞毛巾

·会使用各种工具进行标记

·能看懂日历（星期和月）

·能看懂钟表（明白时间）

·对于渴望得到的玩具懂得克制

·拥有空间和时间的概念

＊这个时期的孩子已经可以做好"用完后就要归位"的"整理"行为，教会他们自主决定物品的去留、主动整理空间、打扫，将很好地培养孩子的决策能力、条理性和独立能力。

"幼升小"的过渡阶段，还可配合作息调整和时间管理，让孩子学会整理书包。

（图片作者：大江JOY）

分类之后，用插画和文字的形式做一个标签，放在孩子容易取放的高度。

幼儿园时期的收纳

拿出来就放回去。

如果不教孩子收拾的方法，即便我们对孩子说"去收拾收拾吧"，孩子可能也不知道该如何收拾。我们需要带着孩子一起收拾，直至孩子学会为止。

从小时候开始，我们就要帮助孩子养成把自己使用的物品放回原处的习惯。因此，父母还需要准备"容易取放"的收纳场所。

选择收拾的时间，还需要避开孩子心神不定的时候（出去玩之前，想看的动画片的时候等），因为此时孩子无法集中精力。

自己拿出玩具，意味着可以自行放回原处。担心孩子太小而做不到，这只是大人的错觉。

两岁左右的孩子可以完成垃圾分类。

从最简单的"从哪里拿，放哪里去"开始教会孩子。

用轻便的篮子或者在箱子里放少量的玩具，引导孩子拿出来玩之后还要及时放回去。

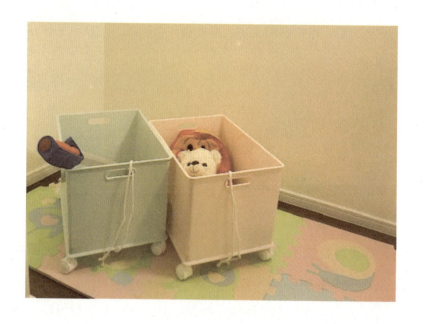

　　利用大的收纳箱帮助孩子养成"把玩具拿出来，玩完就放回去"的习惯就好。如果有滑轮和拉绳，孩子们就可以轻松移动收纳箱。

　　把使用完毕的物品放回原处，这样的习惯理应从小养成，就好像早上起床后刷牙洗脸一样。年纪越小的孩子，越容易养成将玩具、生活用品等物件"及时归位"的习惯，年龄越大，反而越不容易培养。

　　对于有能力自己拿取玩具的孩子来说，使用完毕后的"归位"也完全力所能及。而在他们完全养成这样的"潜意识行为"之前，父母务必不厌其烦地指引孩子"绘本要放回这里""玩偶要放回它们的家"……不断加深他们对于"归位"行为和存放位置的印象。

　　久而久之，孩子就会形成牢固的"潜意识"，"归位"的习惯也就自然而然养成了。

幼儿园时期的孩子们一般都懂得这个道理，但很多孩子似乎一回到家就忘记了，为什么会这样呢？

在幼儿园，绘本和道具等物件都放在固定的位置，老师也会有意识地告诉所有孩子："请把用完的玩具放回原处。"于是，所有人都会照做，几乎不会有孩子固执己见，不肯执行。

然而，一旦回到家里，情况往往就改变了。家里的物品是不是会像幼儿园里一样有固定的位置？父母是否会每次都像老师一样坚决地提示和要求孩子"物归原处"？孩子是否可以像在幼儿园里一样听话而有秩序？

决定物品的固定收纳位置

物品一般可以分为衣物类、食物类、生活类、学习类、兴趣类等五大类。

衣物类是指外衣、内衣、袜子、围巾、饰品、帽子等穿戴物品。

食物类不仅是指食材，也包括餐具、制作食物的工具，比如锅、碗、微波炉等。

生活类是指清洁工具、文具、床单、毛巾、纸巾、洗涤剂等日用品，电线、电池等生活用品。

学习类是指孩子的学习用品、和家人一起读的书等和学习相关的物件。

而兴趣类是指和兴趣爱好紧密相关的物品，比如体育用品（高尔夫、瑜伽道具等)、宠物用品、编织毛线、集邮册等。

从整理收纳的角度来说，如果能从这五个类别进行更大的扩展，就能更好地理解收纳。例如，食品和那些与食物有关的东西放在厨房，衣服放进衣柜，打扫工具放在××，药品放在××，毛巾和床单放在××，纸巾和洗涤剂等库存放在××，平时不穿的鞋放在××……

把东西进行整体分类，并确定同一类功能的物品被放在与之相关的空间里。

如果收拾不好会怎样？！

超市　　　　　　　　　　　　　图书馆

找不到想要的东西！

在超市和图书馆等场所随便放东西和书会怎么样呢？为什么在商店里你能很快找到想要的商品呢？

那么，孩子的玩具放在哪里最合适？正确答案是：由他们平时玩耍的位置来决定。如果他们喜欢在起居室玩，那么玩具就收纳在起居室的固定位置。如果他们习惯在儿童房玩，不妨就在儿童房里进行收纳。

请根据这样的"就近原则"，思考自己和家人的"生活活动线"，同时思考如何进行收纳会令生活更加高效。

在什么位置放什么物品，其实大有学问。

例如，毛巾在哪里使用？洗手间和浴室。所以在洗脸台和浴室附近放毛巾就很方便。

由于出门的时候要换鞋，可能还会擦鞋，因此鞋子和相关清洁工具就该放在玄关。这样一来，鞋类的打理会省心很多。

此外，还有几种物品需要同时使用，比如，水桶、抹布和洗涤剂是一个系列的"生活好帮手"，它们更适合被放置在一起。

当家庭日常物品都得到了合理的分类处理时，孩子们会更加适应思维锻炼、记忆整理，并进行创造性思考。物品分类有助于孩子们掌握思考技巧，通过这样的"整理基础内容"，孩子们能得到更好的思维训练。

作业：用四角完整的打印纸练习折纸。

学童期，"整理"和"有序"帮助孩子建立空间感

　　我们必须从"整理"开始，先学会放空，让大脑在空白的状态下掌握方法。举个例子：如果孩子在整理自己的物品时，看见家中的其他空间（比如客厅和厨房）依旧杂乱不堪，那么他们的大脑就会摄入多余的视觉信息，直接影响整理的效果和意义。所以，我们才建议在教导孩子学会整理之前，家长首先掌握整理的技巧，并懂得因地制宜地加以实践。

　　众所周知，空间之所以变得杂乱，是因为我们用完物品后总是不主动放回原处。于是，没有固定场所的物品就会散落各处，甚至不断增加。

　　因此，我们需要先从整理物品开始。

　　整理的要义是指把物品分为"需要"和"不需要"，对于"不需要"的物品果断舍弃（直接丢弃或者赠送他人等）。可以说，空间凌乱、物品太多的根本原因就是一直都在收进却从不会有意识地减少物品。

　　其次，关于"决定保留的物品究竟应该放置在何处"的问题也同样重要，请务必遵循"便于拿取和归位"的准则，这样才

能帮助你和每个家庭成员养成"拿出来，放回去"的习惯。

整理

书籍、衣物等日常用品都应该按照"需要""不需要""考虑（保留）"这三个标准进行分类，并为"考虑（保留）"的物品决定保存期限，一旦超过保存期限，就请果断放弃。

·常用物品放在经常使用的地方附近(方便取放)。

·在垃圾容易出现的地方放置垃圾桶。

·鞋子、上衣、幼儿园物品等要放在指定的位置。

·孩子小的时候，在餐桌上学习和画画就能学会整理，因为不收拾的话无法吃饭。

这段时间，可以让孩子从房间等规定的地方拿出学习用具等放到桌子上，再让其复原。

·贴上标签。

·收纳仅用一步完成。

·购买物品时要慎重严选(确认是否重复购买，不买流行的文具)。

·不断地指导孩子，直至孩子独自完成。

·根据孩子的身高改变椅子的高度。

■ 学童时期（6～11岁左右）

会判断善恶。

被大人禁止的事情绝对不做。

语言能力和认知能力提高。

自我肯定的养成。

自我控制能力和协作能力开始萌发。

掌握用餐礼仪。

任何事情都想自己来做。

＊牢记礼仪，对处于渴望尝试更多的年龄段的孩子，请尊重他们的意志。同时利用好这个时间段，在日常生活中定期引导他们自主地布置房间、购物、整理和打扫。

父母须知

人们都会无意识地模仿身边的亲密关系者（心理学中称之为"镜像"）。故而，如果大人能具备良好的行为意识，孩子们就不难养成同样的习惯。

换言之，从小生活在整洁环境中的孩子会主动收拾，和爱看书的父母在一起生活的孩子大多也喜欢阅读。而彬彬有礼、善待彼此的成年人更容易养育出和自己如出一辙的孩子。请让我们把孩子当成自己的镜子吧。

如果你希望爱人有所改变，孩子能改掉坏习惯，就请先从改变自己开始。

做好自己，是养育孩子的第一步。

你是否已经习惯经常对孩子说"赶紧学习吧！""快收拾一下！""快点！""要说几次才明白？！"尤其随着孩子慢慢长大，这些话经常从父母的口中脱口而出。

　　在说"快收拾吧"之前，请先确认：作为大人的你是否已经做得足够好？是否已经教会了他整理方法？如果你完全无法真正激励对方，就等于对牛弹琴。当你在说"快点儿"的时候，是否已经为他创造出同步环境？你们对"快点儿"的时间概念和认同度是否一致？

　　显然，每个人对此的感受都不尽相同。

　　也许你认为的"快点儿"是指尽快（1～2分钟以内），但孩子认为的"快点儿"很有可能是玩好玩具或看完这本书以后。所以，我们在对孩子说"快点儿"的时候，请务必明确告知其具体的时间，比如"10分钟"或者"3点之前"等，并确保孩子懂得你的具体指示内容。

　　至于"说了几次才明白？！"这句口头禅呢，它本身就在一定程度上违背了客观规律：仅仅说了几次并不能使人真正明白，更不会养成习惯，请耐心地跟孩子说清楚。

　　而对于团队运动（如棒球、足球、排球等）来说，拥有强大个人实力的团队未必总能赢得比赛。相反，实力普通的一方也可能获得冠军，这取决于教练等团队领导者因素。如果每个人都能通过指导最大限度发挥出自己的力量，团队就会得到完全不同的结果，这是由指导方式决定的。

因此，当孩子不会收拾或下属不懂怎么执行的时候，就是需要改变你做事方法的时候。

在教孩子之前，父母请先做好整理。

首先，也应从整理物品开始。

"整理"，是指按照"需要"和"不需要"的标准对物品进行区分，把"不需要"的东西丢弃、转送等。东西多的家庭，如果不尝试减少物品，可能永远也无法保持井井有条。

给予思考的时间

书和衣服等都可以分为"需要""不需要""犹豫是否要保留"三类。那么"犹豫是否要保留"的物品该如何处理呢？可以从保留期限入手。不限定保留期限的话，那些令人犹豫不决的物品还会留在家中。

小学低年级的收纳

放学回家，让孩子把书包里的物品全部拿出来，分门别类地做一番整顿：

· 试卷→给家人

· 教科书、笔记本→放回书桌或抽屉、书架

· 文具→观察有没有损坏或需要添置的

根据目的选择放置场所。

教会孩子将书、玩具、学校使用的物品、衣服等与同类物品放在一起，思考哪里是"便于寻找"或"取放方便"的场所。

在超市，蔬菜会被安放在蔬菜区，饮料会被集中放在饮料架上。而一旦缺少了"分类"秩序，就会给顾客带来极大的不便。我们可以通过类似的实例，引导孩子了解秩序的重要意义。

我们可以给孩子灌输这样的理念：

同类物品统一安置，能有效地减少浪费。

养成主动整理桌面和衣物的习惯。

小学高年级的收纳

无论是"从哪里拿出来，就放回哪里去"的收拾方法，还是判断"要"和"不要"的判断思考方式，都能由此掌握整理的思维重点，并以此对房屋进行打扫（打扫还具有转换心情的作用）。

在开始进行学习或准备考试之前进行必要的房屋收拾和打扫，有助于放松心情。与此同时，适当的家务劳动还能巩固大脑记忆。

为此，在学习了数十分钟之后，我们可以暂时离开书本去收拾一下屋子，然后再继续学习数十分钟，再做打扫……这种方式比起始终不间断的学习具有更好的效果，能通过改变行为和视野的方式，帮助孩子提升注意力。

此外，收拾和打扫还是一种只要通过合理方法和努力就能立即看到效果的行为，会给孩子带来充分的自我肯定感。

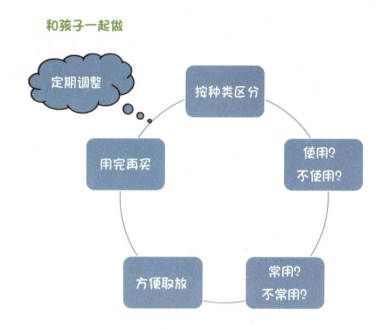

和孩子一起做

定期调整

按种类区分

使用？不使用？

常用？不常用？

方便取放

用完再买

父母要做的事情

如何收纳孩子的作品？

大的作品以拍照形式留下来。如有装饰空间，在家装饰摆放，年底让孩子决定作品的去留。

为了让孩子能够自己整理物品，我们可以先进行"陪伴收纳"。

1.大人先把家里收拾得干净整洁，让孩子获取收拾后的"样本"。

2.一起"整理"⇒只让孩子们集中整理需要使用的东西和最近要玩的东西。

3.一起"分类"⇒在学校使用的物品、玩具、衣服等的分法和"经常使用""偶尔使用"等分类方法的结合。

4.一起决定"收纳场所"⇒给所有的物品找到合适的"家"。

5.养成"拿出来就放回去"的习惯，并且每天提醒⇒如果孩子没有把物品及时放回去，我们要耐心提醒。※切勿发火。

6.孩子没有要求买的东西，父母不要随便给孩子买。当孩子说想要什么时，一定要倾听。如果我们放任孩子养成"想要"马上就得买的习惯，那么家里不必要的东西就会不断增加，将来也会造成更多不必要的浪费。

真正的富翁绝对不会买"无用之物"。我们要从小教育孩子学习不做无用功，不花无用的时间，不买无用的东西。反之，对自己有价值的东西，哪怕花大钱也要买——因为有价值的东西能创造更多的财富。

孩子玩好玩具从不归位，于是命令孩子："收拾一下！"
孩子只回答"等一会吧"，但就是不收拾！怎么办才好呢？

孩子们不收拾的原因有很多。

其中三个最典型的原因是

1. 不知道怎么收拾
2. 怕麻烦
3. 认为不收拾也没关系

首先，如果没有一个整洁有序的家庭环境，那么孩子自然不懂怎么收拾。成年人也不会突然会烹饪了，数学家也不是瞬间就能解决难题的。

原来如此。

所以要从决定场所开始，告诉他们：哪里要放什么物品，为什么这样放。

其次怕麻烦
这个原因很多成年人也有。
大家习惯性地把"累""没时间""情绪不好""没干劲"等当作不整理的借口，毕竟整理要动脑筋。

放回原处→记忆力
收拾→判断力
收纳→创意能力
因此，请在孩子身体健康、时间充裕的时候引导他主动"收拾"，这会产生事半功倍的作用。

第三个问题，为什么他们会认为
"不收拾也没关系"？

如果在孩子不想整理的时候，我们一直习惯
说"快收拾一下！"却没有引导和督促他们
自主行动。
那么孩子就会对这样的状态习以为常。
反正不收拾也只是会被大人批评几句，
总会有人替自己收拾，久而久之就会变成
"不收拾也没关系"。

哎呀～！
果然我家孩子就是这样呀！
那该怎么办呢？

首先，大人千万不要全权代劳，帮孩子收拾。
其次，告诉孩子整理的好处，并说明不会整
理将带来的困扰。
一旦孩子对由于混乱而丢东西的问题有所认识，
那么也许他们就不难理解整理的意义了呢！

少年期，高效整理方案激发思考和创意能力

中学以上（成人）的收纳

进入中学后，孩子将具备和成年人基本相同的整理能力。成年人应该更好地引导孩子更加主动地收拾和整理。

我们所定义的"引导"，并非批评或警告，而是使"收拾"行为变成孩子的日常生活习惯。通常情况下，习惯的平均养成时间是三周左右，当然，其中存在一定的个体差异。有些人养成习惯的时间会很短，有些人则需要花费数月。

所谓"习惯化"，是指"大脑的习惯"。

大脑很容易记录那些发生频率较高的行为，进而转化成潜在的行为驱动力。举例来说，一个人每天都要从地铁站或公共汽车站走回家，大家需要为此努力思考、搜寻、确认吗？

换言之，所谓的潜意识，就像是与生俱来的行为，似乎不假思索就能做出。每天习惯性的举动就是无意识（潜意识）的操控，而努力思考和规划等就是显意识的操控。

　　而所谓"大脑习惯"，就是现阶段的潜意识行为。正如孩子每天上课的时候都需要将必需使用的物品取出来，放学回到家时要把书包放下，这可称之为"习惯"。

　　同理，将用过的物品放回原位，回家后把包放到固定的位置等，也可以成为习惯。而习惯一旦形成，就不会觉得很麻烦，并在不知不觉中养成更多的"整理习惯"。

　　问题来了：在"习惯"完全养成之前，人的大脑会自发性地排斥新事物。那么我们该如何让自己坚持下去，度过这个恼人的"排斥期"呢？

　　我们不妨反过来假设：如果一件事已经变成了习惯，那么不去做就一定会心情烦躁。

　　对，"如果不整理就会心情烦躁"，这就对了！

因此，在孩子养成整理习惯之前，父母每天都要不厌其烦地向孩子传达这样的信息——"咱们一起整理"。

请一定注意避免使用愤怒的语气，做到不怒吼、不斥责。毕竟，每个人都不愿意一边挨骂一边坚持某一行动，我们也更希望孩子们都能按照自己的意愿去坚持整理。

大脑的习惯和捕捉信息的习惯一脉相承

一个人的心态是积极的还是消极的，决定了其生活是光明的还是灰暗的。为了能够准确地预测出乐观者和悲观者的情绪特点，心理学家曾做过"半杯水实验"。

一个人面对半杯水时说："我就剩下半杯水了。"另一个人则

说："我还有半杯水呢！"由此，我们能够看出来，这两人谁是悲观者，谁是乐观者。

那个说"我就剩下半杯水了"的人悲哀于既定的现实，悲哀于那失去的半杯水。拥有悲观心理的人很容易沉浸在过去的挫折与失败中不能自拔，自然也就很难让自己感到快乐。

而那个说"我还有半杯水"的人则从另外的角度去看这个问题，他觉得"我还有半杯水，而不是一点儿水也没有了"。当他这样想的时候，内心自然是轻松和愉悦的。这样对生活充满热情的乐观者，他的内心世界总是充满光明和希望的。

如果你因为淘气被老师批评了，你是会想"下次注意"，还是会觉得"老师可真讨厌"？不同想法的叠加会使人产生不同的变化，认为"下次注意"的是反省和改变自己的积极想法。认为"老师可真讨厌"的人会马上将自己的行为抛诸脑后，将责任全部推给对方——既不反思，也不想改变自己的行为。

总之，不同的想法会产生不同的行为，行为的积累使人渐渐改变。

你是否会在不经意间把"应该××""必须××"等自我价值观强加给别人，同时也捆绑自己？人的价值观一旦固化，就会产生惯性，如果他人不按照自己的想法去做，自己就会烦躁和生气。然而，在对方眼里，那些也许都是无关紧要的小事。

还有，"一定是××""可能是××"，这些句式中是不是总是藏着你对未来悲观与不合理的想象？其实，担心未来多数只是浪费时间而已。

诸如此类的思考和处理方式，会以各种不尽相同的形式出现。

总而言之，人类世界的普遍心理成长趋势就是，由于过往体验和周围环境的强大作用，人往往容易执着于内心深处的感受与经验，并且无意识地重复使用它们。这种依赖性会随着年龄增长而日渐根深蒂固。

养成好习惯的重要意义，由此可见一斑：

· 喜欢自己

· 自己能做到，我可以

· 他人不能如自己所愿

· 一定有解决的方法

……

请先根据自己的真实想法整理出自己的好习惯。

整理的效果

从"使用完毕就要归位"的整理意识到判断"要"和"不要"的整理、思考，打扫房间更能起到转换心情的作用。

在备考时期和考试前进行适当的房间打扫和整理，无疑可以让人转换心情。记忆会在各种任务的进行过程中自主地"印刻"在人类的大脑深处，因此，专家建议在持续学习几十分钟后进行整理，能够帮助人们内化记忆。

此外，如果你能坚持学习数十分钟后再打扫，相信记忆会更深刻，学习效率也会相应得到提高。与此同时，整理和打扫所带来的结果立竿见影，会大幅提升人的自信度。

收纳同样有助于培养一个人的思考和创意能力，毕竟，针对不同的空间和个人生活情况，每个人都必须思考如何打造出适合自己的高效整理方案。在这种运用组织逻辑和想象力激活自己的过程中，空间认识能力会得到锻炼，数理学习能力也会变强。

房间变整洁的意义

如何让整理行为不断持续？习惯和结果的理想程度都非常重要。一旦整理结果不尽如人意，就容易产生厌弃感。

首先，经过整理后，房间内、桌面上的所有物品都一目了然，你能以最快的速度找到当下所需的物品。对于现代人而言，这样的高效感会令人心情舒畅。

其次，由于物品数量大大减少，人的注意力也变得更加集中。而在窗明几净、整洁有序的空间中，人的情绪会更加平静——很多野生动物都喜欢将栖身的巢穴拾掇干净。整洁的空间和安宁的精神世界对人的意义可见一斑——正如美味的食物、充足的睡眠一样必不可少。

最后，堆积的杂物极易堆积灰尘和滋生霉菌，引发过敏。人体大量吸入霉菌，甚至会对健康产生巨大的负面影响。

而青春期的孩子由于荷尔蒙分泌不均衡，很容易产生不安和焦躁的情绪，从而影响学习。

中学生以上的收纳

让孩子享受设计房间的乐趣

让孩子挑选收纳用品、床罩和窗帘等

自己做决定＝自我管理

教孩子前，父母需要了解的 5 条收纳原则

在指导孩子之前，大人必须先了解并充分掌握有效的整理方法。此章节主要介绍儿童整理收纳以外的居家整理收纳原则与方法。

原则一：秩序是整理的前提

首先，每个物品都要有固定的收纳场所；其次，物品在使用完毕后一定要及时放回固定位置。如果我们总是随手一放，那么家中的物品就会越来越多、也越来越乱——桌上、沙发上、床上……到处都是物品。

换言之，家中物品太多的主要原因就是缺乏秩序。

很多人习惯把不会整理的原因归结为"父母的遗传"。我们不否认在环境混乱的家庭中长大的孩子，往往缺乏关于收拾、整理、归拢的认知。但是，不会整理并非遗传，它受成长环境、本身性格、生活习惯的综合影响。我们是可以通过学习和实践改变的。

不会整理的三大原因：

第一，物品数量过多。这和"物品数量过多就无法放进包里"的道理如出一辙。

第二，就是刚才提到的没有固定存放位置。由于缺乏固定的收纳空间，我们经常随手把东西放在某处，导致整个空间杂乱无章。

第三，整理在我们的生活中不是优先要做的事项。换言之，就是不重视，认为整理对自己来说并不重要，总是会因为太忙、累了等一拖再拖整理计划，迟迟不落实。在这类人的潜意识里，"收拾"并不具有紧迫性和必要性。

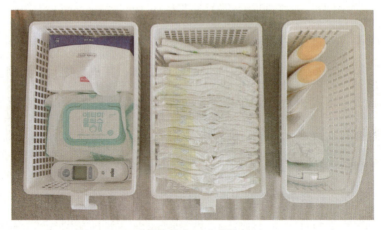

（图片作者：林青花）

原则二：简单是应对复杂的利器

家中的物品不断增加的原因

家中的物品数量为何会源源不断地增加呢？

物品不会凭空走进我们的生活，正如它们不会无缘无故消失一样。所有物品都是通过购买、赠送等方式来到我们的生活中的。如果我们能在增加一件物品的时候，确保能相应地处理掉一件，那么居家空间就不难保持原有的样子。

如果我们只做加法而不做减法，家中的物品数量会越来越多，直到完全失去秩序，变得混乱不堪。

整理公式：

$$1 - 1 = 0$$

如果坚持下面这样的公式，物品数量就会不断增加。

$$1 + 1 + 1 + 1 + 1 + \cdots = \infty$$

如果只是一味地增加而不减少，那么物品的数量就会源源不断地增加。

也许这些道理大部分人都懂，但是就是不会做减法。在不会做减法的原因中，心理等方面的原因占主要地位。例如：

· 以后会用→如果现在完全不知道究竟什么时候会用，那就等于以后不会有用。

· 还有用处→如果现在想不起来怎么用，那以后也不会想起来，因此没必要一直留在身边。

· 扔了可惜→白白放着不去使用，才是对物品资源的不珍惜。

·当时价格昂贵（品牌商品）→将价值和价格分开考虑。

整理的基础准则

■ 保留的物品

·目前使用的物品

·未来一定会用到的物品

·虽然不会使用，但特别珍爱的物品

·自信、果断的答案。

■ 舍弃的物品

·也许以后会用

·说不定家人会需要

·扔了真可惜

·购买时挺昂贵的物品

·犹豫不决、没有答案。

原则三：量"力"而行

如何决定适合的数量

■ 与收纳空间相匹配的合理数量

如何能快速、清楚地了解居住空间物品的"适合数量"？

那就是：要仔细了解目前家中的收纳家具和相关用品可以容纳的物品数量。如果存在无法放进既有收纳空间的多余物品，就意味着你的物品数量过多。只需拥有和收纳空间面积相匹配的合理数量，就能避免混乱。

即便一时乱了，也能很快整理干净，不会陷入长期无序的可怕状态。

与此同时，我们也要为所有的收纳空间"留有空余"，切忌将储物空间塞得满满当当，承受过度的空间无疑会让整理失去意义。

具体操作如下：

·书籍类

只留下可以放进书柜的书籍量，多余的书籍则需要处理。

·衣物

虽然我们会一直有很强的购买欲，但现实就是我们只能拥有和我们的衣柜、抽屉体积相匹配的衣物量，才能防止由于随手放置而导致的空间凌乱问题。

·餐具

只留橱柜可以容纳的量——就是保留经常使用的餐具，处理掉使用频率太低的餐具。

总而言之，所有物品的收纳准则莫不如此——假如超出收纳空间的承受能力，就是多余的。

"你的居家空间物品数量合理吗？"

■ 与日常状态相匹配的数量

拥有符合收纳空间的物品是基本准则，千万不要因为收纳空间面积大就无限度地将物品带进家门。确保物品数量适合你的日常生活，才是明智之举。

问问自己：

"你的兴趣是什么？对此，你会保有大量物品吗？"

"你到底喜欢什么？"

人的生活习惯和兴趣爱好及习惯千差万别，有人喜欢读书，有人喜欢听音乐，有人喜欢每天更换好几次内衣，有人喜欢每天洗衣服……如果对兴趣爱好进行统一规定，大家一定会苦不堪言。

因此，我们要根据不同家庭成员的实际情况，来制订适合所处空间的整理方案。

■ 自己决定适量的准则

既然有必要给自己制订整理规则，那就必须自己决定"合理数量"。

自己决定需要几个包、几双鞋子、几本书……直至达到合理数量为止。

这需要你根据自己需要的数量对很多物品制订规则，并通过作笔记的形式记下来，以免忘记。

（图片作者：大江JOY）

原则四：坚持源自固定的"习惯训练"

在整理之后，家庭空间旋即又变得凌乱了——这意味着整理的失败，而且往往会更加混乱。这让很多人丧失信心，开始对"算了，干脆不收拾了"的心理习以为常。

打开柜子、抽屉，我们会发现里面的物品比表面上看起来的要更多，好多物品甚至无法判断要或不要。这种思考和选择困难症也源于平时的惰性习惯。如果我们能坚持一天5分钟、一周2个小时等固定的训练，相信你就不会患上"选择困难症"。

此外，我们要自己制订要或不要的规则，建立判断基准，比如两年没穿的衣服不要、过时的书不要……让物品的取舍变得轻松高效。

请先从一个抽屉开始，将里面的物品悉数取出，分成要、不要，可在其他地方使用三种标准。

请在时间充裕的时候整理大面积的房间，切忌幻想在 1 ～ 2 天之内完成所有的整理工作，高品质的整理、归纳都是长期实践的结果。

请根据场所或物品种类来整理，场所，是指厨房、卧室等不同功能的空间，而物品种类则是指书、衣服等不同功用的物品。例如，将家中的纸袋集中在一起整理。

通过集中整理弄清并掌握所拥有的物品数量，有助于选择性地处理过多的东西。

原则五：收纳，是一目了然的可视化管理

各物品各就其位不堆叠，不乱放

一目了然的"可视化"收纳

■ 衣服的收纳，以挂为主

我们可以将衣服分为当季和非当季(当季是指现在的季节，非当季是指相反的季节)。也就是说，如果当前是春天，那么旺季就是指春夏装，而秋冬装则是淡季。

把当前季节的衣服放在便于取放的位置，再将上衣、裙子、毛衣等不同类型的衣服进行分类，按照不同的属性做好折叠、悬挂。然后，进一步按照颜色进行区分，以便于更理想的搭配。

　　抽屉里的衣服等物品不要叠起来，因为叠起来会引发不可视的问题，导致无法看见的物品被遗忘。另外，也不便于拿取。抽取式的拿取会让整理好的衣服瞬间起皱、凌乱，使得你不想再整理。

　　袜子、紧身裤、内衣等衣物切忌一股脑儿地塞进抽屉，而是要一套一套地合理安放，这样才便于查找，避免"失踪"和遗忘。

　　包包要一个一个地妥善收纳，确保包包的品质，避免挤塞、压扁，更要避免湿气侵扰。

（图片作者：大江JOY）

按照物品、颜色等分开，这就是一目了然的收纳。

也可以按照家庭成员的人数来准备衣柜，分别专用。

（图片作者：大江JOY）

把隔板挂在抽屉里，会更容易拿出来。

■ 其他可视化的收纳方法

文具的收纳
按照厨房抽
屉的收纳方法

形象软的毛绒
玩具放进篮子中

细小的物品和重
要的小物件放进
塑料分隔盒中

毛巾和袜子放进适合大小的
框子或者自制的收纳盒中。
（让孩子自己动手放进去）

■ 有效利用空间分隔

有效利用洗手台下没有抽屉的架子。

空间分隔

衣物：尽可能做到不堆叠

（图片作者：林青花）

餐具：用伸缩杆和碟子架方便收纳和使用。

　　食材：放在透明的容器里，里面的东西和剩下的量一目了然，也很方便。

书桌、书包和玩具等物品的收纳

整顿（确定收纳的场所）

毋庸置疑，物品就近收纳是收纳的基本原则。

比如，文具用品需要放在课桌区域内，但应该确保桌面空无一物。如果将笔筒或盒子放在桌面上，就极易使物品持续增加（比如再放其他装饰物）。长此以往，桌子会变成杂物堆放区，催生出不想学习的心理暗示，进而影响孩子学习的积极性。

因此，确保桌面空无一物，就需要将所有物品进行合理规划，收纳进抽屉、箱子、书架中，并在学习之前先整理好桌子。

记得有一次，我[1]接到一位母亲的邀请，她拜托我帮助她已经参加工作的儿子收拾房间。于是，我就和她的儿子一起针对其日常居所进行整理和收纳。

至今，我都对那个男孩的桌子记忆犹新：当时桌面上堆积着足足有30厘米高的杂物，你根本看不到桌面的原本模样！那堆东西里夹杂着各种意想不到的物品，比如，小学三年级时从学校拿回来的复印本——这种早就该被清理的物件竟然在好多年前就被他从

---

[1]　编者注：这里指本书作者之一的广泽克美。

老家带到了这里，并且长期占据着他的桌面！

记得当时我怀着不可思议的心情问对方："（桌子都变成这样了）那么你是在哪里学习和工作的呢？"

由此可见，如果我们习惯了无意识地堆积，物品就会泛滥成灾，致使某些空间（比如桌面）渐渐失去它们原本的功能和意义，进而令生活变得一团糟。

（图片作者：池田惠美）

养成使用完毕就归位的习惯

如何让孩子从小懂得桌面要空无一物，物品不能堆积如山呢？不妨从放学后的作业时间开始吧。

请教会孩子这样的流程：

首先，放学回家后，让孩子先把书包里的东西全部拿出来，并让孩子牢记——一定要把书包放在固定区域，绝不能随手放在地板上、床上、桌上。对此，事先决定书包的固定安放位置是重点。

其次，对所有从书包里拿出来的物品进行如下处理：

· 给家长的通知→交给家长

· 教科书、笔记本→放进书桌、抽屉或书架

· 文具→及时确认是否损坏或需要补充

· 作业→放在桌上（及时做作业或在规定时间段内完成）

· 手工作品→放到指定区域或及时进行处理

我们的最终目的是：让孩子书包里只有和学习相关或第二天必须带到学校的物品。

按照科目分类，如果教科书和练习本比较多，可以使用透明的收纳袋（按科目），试卷用A4文件夹保管，通知类文档则用A4透明文件夹或用收纳夹收集在一起。

养成把书包放到固定位置的习惯，比如把书包放在门口，和拖

鞋摆放在一起，出门时方便拿取。

书包放在指定位置

如此一来，书桌就可以保持整洁，孩子随时都能坐在桌边写字、画画、完成作业。

作业做好之后清理桌面，令桌面保持清爽状态。

书籍的收纳工具是书架，在此，我们建议有计划买书架的家长选择进深20厘米左右的书架。因为深30厘米以上的书架会让你在潜意识里认为，自己可以尽情地购买更多的书籍。但客观事实是：收纳在内侧的书籍无法做到可视化，久而久之，你会忘记它们的存在，造成有阅读价值的书籍被埋没。

　　此外，如果孩子习惯在客厅看书，我们建议您将书架直接安置在客厅，以这种潜移默化的方式鼓励孩子将阅读的习惯保持下去。

（图片来自池田惠美）

　　玩具应该被收纳进架子或箱子里，这样更便于分类存放。如果是成套的人偶游戏玩具，那么，"人偶""娃娃服装""人偶屋"等就可以归为一类。

　　同一种类型的玩具收纳在一起，才能有效地防止混乱和无序，请千万留意这一点，并用游戏的方式来进行种类区分。

（图片来自池田惠美）

在收纳进行之前，需要先思考物品的功能性。

比如，在超市里，蔬菜、饮料等不同的食品或物品都会被要求分别放置在不同区域，以便客户挑选。如果摆放没有规则，顾客购物就没有秩序。

与此同时，只有做好同种物品的归类工作，你才能一眼就对当下自己所拥有的物品的具体信息了如指掌，从而避免重复购买等。

父母做衣橱整理时，也可以让孩子养成每天主动收拾桌子、自己叠衣服的习惯。

叠衣服的方法

用自己喜欢的颜色布置衣橱，孩子也会因此喜欢上整理

如果买了之后不归整，房间就会被各种物品慢慢填满。

想办法让孩子喜欢上房间，也是鼓励整理的好方法。

和孩子一起设计衣橱，是另一种有效整理的方法。

孩子的书桌和书包总是乱七八糟的。经常遗忘文具，丢失作业本，该怎么办才好呢？

首先，如果桌面非常混乱，那么我们可以用问答的形式和孩子聊一聊"桌子是用来做什么的？"，孩子的答案大多会是"写字、画画、学习、看书"。但是现在这样的桌面还能做那些事情吗？听听孩子怎么说。摆满了杂物的床能睡觉吗？我想一定会得到"不能"的回答。由此他们就不难理解"床是用来睡觉的地方，不是放物品的地方"，"桌子是用来写字或阅读的地方，不是放置物品的地方"。

由于你通常会直接告诉孩子：不要随便把东西放在桌上。

但我们没收拾好，那么你的话语在孩子心目中就没有说服力。因此，大人先把餐桌收拾好，起到表率的作用。

原来如此，那书包怎么整理呢？

幼儿园和刚进入小学时是养成收拾技能的绝佳时机，也是新生活习惯养成的关键期。告诉孩子，回家后一定要把书包里的东西全部拿出来，这些东西要分别放到规定的位置，并将每天必需随身携带的东西放进书包里。同时，必须让孩子养成把书包放在固定位置的习惯。

难道不能把每天都带的物品一直放在包里吗？

检查随身携带的物品，确信包里没有塞满垃圾和试卷。
随身携带的物品也要主动检查，
看看铅笔是否需要削，
钢笔是否灌满墨水等。

在此过程中，孩子会懂得善待物品，了解"不打无准备之仗"，一生受用的好习惯会在未来岁月里成为一种前行的力量。对以后的学业和职场人生产生强大助力。

垃圾分类，变废为宝的改造能力

在中国，垃圾分类已经在全国大力开展，借此对孩子进行分类训练，是掌握整理技能再好不过的实践方式和机会！

从小就建立垃圾分类的良好意识，有助于孩子更好地安排自己的生活和学习。对于家长来说，垃圾分类也提供了一个理想的机会，让每个人都从零开始，判断不同垃圾的分类要求，并进行符合环保意义的实践。

在日常生活所产生的各类垃圾中，孩子们可以了解分类的标准，掌握分类的技巧。家长还应该让孩子们了解更多关于垃圾的全新意义，让孩子学会从不同角度理解事物，做到学以致用。

（图片来自池田惠美）

垃圾分类中的归纳与排序，可以有效锻炼孩子的逻辑思维，促进孩子数学思维的发展。通过学习垃圾分类知识，孩子可以自主思考、判断、处理，并加以总结和归纳，形成一个便于记忆的高效分类标准。

从源头开始减少垃圾的产生，并对已经产生的垃圾进行有效分类，以便于后期的科学处理和变废为宝，这是环保的最有效方式，也是孩子们能够力所能及做出的"环保贡献"。

请告诉孩子，不会垃圾分类的小朋友，不是"环保小卫士"。

我们会与大家讨论几招"变废为宝"的有效方法，让孩子们充分地发挥想象力，让垃圾变废为宝。

（图片来自池田惠美）

1.礼物盒、手机盒、月饼盒的再利用

买电子产品或收到礼物时，我们也常常会收到随着产品而来的精美包装盒。

想必很多人会开启"纠结模式"：这样漂亮又结实的盒子，以后是不是还能用得上……

囤积问题的产生，很多都是因为大家习惯性地认为这件东西未来可能用得上。因此，我们一定要先思考清楚：它究竟可以用来做什么？什么时候一定能用得上？

包装盒可以当成收纳工具使用，但通常都需要自己动手进行改造，才能真正与我们的空间和需要收纳的物品相适应。

月饼包装盒的设计通常都非常精美，而且材质结实，总让人不舍得马上丢掉。我们可对它加以改造，变成漂亮的小餐盘或者孩子的小玩具盒。

例如，和孩子一起在包装盒上贴上可爱的贴纸，即可变成精致的点心盒——这样的点心盒可以使用两年以上，甚至更久。

结实坚硬的礼物盒，可以用作抽屉中的分隔工具。

在中国，中秋节前后，几乎每家每户都会收到精美的月饼礼品。

这样的点心盒可以使用两年以上，甚至更久。

（图片作者：池田惠美）

2.牛奶盒、酸奶盒的再利用

收拾冰箱和厨房小柜子时，我们可以用到各种酸奶盒。

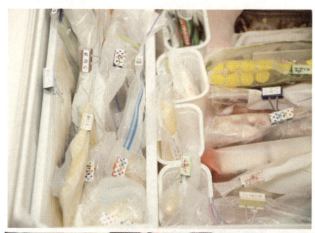

（图片作者：池田惠美）

①牛奶盒可以放在冰箱、厨房里做收纳工具。因其特有的防水属性，我们不用担心酱油等调料漏洒出来。

②做收纳使用的分割盒

充分利用好，就无须再购买昂贵的收纳分隔篮。

③收纳小物篮

孩子出门时容易遗忘的小物件，可以这样进行统一的集中收纳。

④改造后的文具收纳盒

让孩子尽情发挥想象力，制作属于自己的铅笔盒吧

垃圾分类还能有效培养孩子的耐心。对于大部分人而言，将垃圾丢进垃圾桶是一个简单的卫生习惯，然而很少有人会仔细地辨别和分类即将被丢弃的垃圾。现在各地在推广垃圾分类的环保政策，所以我们也需要学习垃圾分类的知识，而扔垃圾也成了一项考验耐心的日常事务。

柏拉图曾经说过一句名言："耐心是一切聪明才智的基础。"对中国人来说，垃圾分类尤其烦琐。因此，指导孩子学会正确的垃圾分类，不仅可以培养他们的专注度，更能充分锻炼他们的耐心。

孩子们可以通过探索垃圾的不同属性并为其分类，学习很多百科与杂学知识，建立环保意识。同时，也可以通过掌握相关的思考技能，从小树立守护家园的意识。

家长也可以借此引导孩子在做好"垃圾分类"的同时，更多地发挥想象力，让垃圾变成宝贝。

第三部分

从收纳而来的「大脑整理」术

管理时间也像管理物品一样毫不费力

时间，对所有人都是平等的，它无法被人为地储蓄，因为每个人的一天都拥有24小时。如何利用这段时间，将决定一个人的人生高度——忙忙碌碌是一天，闲来无事也是一天。

一天、一周、一个月、一年……

时间或许会白白流逝，也可能在持之以恒的学习、训练中获得价值，让人生得以升华。很多天才和伟人都在这样的积累中完成了人生的超越，创造了非同寻常的价值。

在日本，人们信奉"坚持就是力量"。认为只要坚持做某件事，总有一天会获得强大的实力，达成自己的"小目标"。

在一百多年前，日本思想家吉田松阴说过一段话，至今还对日本人产生着深刻的影响：

如果每天写一个字，

那么一年就是365个字。

而如果懈怠一夜一刻，

则百年之间就会失去6000个小时。

显而易见，前者是在积累中获得，后者则在荒废中失去。

美国也有一句谚语："Time is money（时间就是金钱）"这意味着时间和金钱一样宝贵，千万不可白白浪费，我们要学会去做有价值的事。

更有很多人认为"Time is life（时间就是生命）"。毕竟，对每个个体而言，时间和生命的长度是一致的，时间的流逝预示着我们正在慢慢走向死亡。因此，如何珍惜并有效地利用生命，是个无法回避的哲学命题。

中国也有"一寸光阴一寸金，寸金难买寸光阴"的谚语，表示光阴一去就不复返，再多的黄金都难以买到。

无论年龄大小，无论你是大人还是孩子，合理安排时间都应该从现在开始。

感受时间的流逝

时间和实物的概念完全不同，由于其具有无形的特质，很难判断和掌控。时间为什么会被浪费？如何才算高效利用时间？这些疑问总是困扰着我们。

尽管现代人拥有早上、中午、晚上的时间段概念，也已经习惯了时、分、秒的定义，但有能力做到完全有效地利用时间，并避免浪费时间的人依然是少数。

比如，在需要用1分钟做自我介绍的时候，大多数人都无法第一次就把握得恰到好处。但如果我们反复练习，效果就会大大提升。

换言之，一旦我们对1分钟、1小时这样的概念拥有建立在实践基础上的认知，我们就能很好地理解和把控事物。比如，做饭时我们如果能计算时间，就能清晰地知道做50个饺子需要30分钟；读书时如果我们可以计算好时间，就会知道读20页书需要30分钟……

相反，如果我们全身心投入，时间就会在不知不觉中溜走，并且感觉非常愉快。比如，和好久没见的朋友聊天，好几个小时就像是一瞬间；玩手机游戏的时候，一个小时仿佛只过了几分钟……这类时间显然具有难以把控的特性，一旦失去控制，就会造成价值浪费。

缺乏毅力的人往往会在减肥、戒烟等问题上失败。而有些人无法坚持良好的生活或工作习惯，正是因为他们总是得过且过，且很容易沉迷于享受当下。

显然，究竟是把1个小时花费在应该做、想做的事情上，还是任由这段时间在今天随波逐流，其结果天差地别，因为时光无法重来。

光阴不再来，时间要守护

虽然时间不能重来，但如果我们能掌握时间的使用方法，就会为自己创造额外的时间价值，因为明天、以后或者每天的行为结果会得到积累。比如，一个人每天都想着今天要吃饱，他就会慢慢变胖，这是坏习惯导致的结果。而这个人如果每天都坚持锻炼，就能让自己变成一个活跃在运动场上的明星。这两种情况毫无例外都是时间积累的结果。

所以，在自主决定的时间段里坚持一场持久战，守住最后的防线，你的能力就会有所提高。

另外，时间无法进行交易，不守时的行为不止浪费自己的时间，还会浪费别人的时间。毋庸置疑：不守时 = 不守信用 = 不被人信任。

比金钱更重要的是信用，一个人的"信用指数"越高，他所获得的助力就越大，成就自然也就越多。

举个例子：对比一家航班准点起飞率很高的航空公司，和另一家航班经常延迟的航空公司，你会买哪一家的机票？对比每天按时开门的店和根本不知道几点开门的店，你更愿意选择去哪家购物？

正因为时间对所有人都一视同仁，大家的一天24小时具有共通性，因此，过分散漫的人容易与他人产生隔阂，遵守时间是确保高效沟通和建立良好人际关系的先决条件。

"没时间"的负面影响

没有时间（没有富余的时间），会带来怎样的不利影响？

请大家在下面的空白框中自由填写。

看时间，读时间

时间是有限的，不能延长，不能积累。另外，人生的小时数（寿命）还具有不可预知性，并且因人而异。

不同的时间使用方法与不同的生活学习方法密切相关，有效地利用时间能显著提升成绩，并减少失败的概率。清晰规划好每一天，知道自己这一天都做了些什么，意味着我们增加了有意义的时间利用率，这会带来很多好处。

不要单纯用数字来看时间，为了读懂"时间的流逝"，我们需要养成在家看模拟时钟的习惯。

让你的时间"看得见"

在一天24小时这个绝对不变的时间概念里，尽早思考和规划如何行动并养成习惯，就是所谓的"时间可视化"。

如此，"看不见"的时间就能够被"看得见"，并且被"写下来"。养成习惯后，我们就能自然而然地看到脑海中的时间。而成年人在处理大量工作时，更能通过"书写"来整理自己的思绪。

不要让孩子过早地使用智能手机或电子表，请为他们换成有指针的时钟和手表，在"失去时间的感觉"中促使孩子们慢慢树立时间规划的意识，并度过一个值得珍惜的童年。

建立起时间的感觉和概念后，可以以此为基础，尝试制作一天的时间表。

画一个像时钟一样饼状"时间分配计划"，或像日程手册一样的条状"24小时分配计划"。推荐孩子使用圆形计划，成年人使用条状计划。

■ 饼状

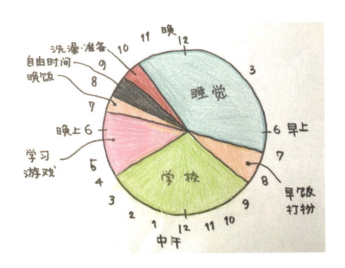

■ 条状

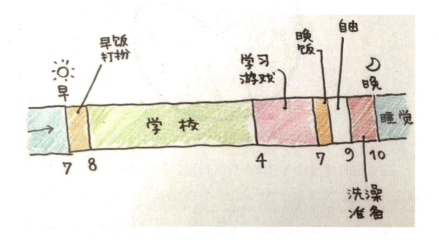

　　无论饼状还是条状，或者其他形状，都不失为"时间可视化"
的利用形式，可以帮助我们培养孩子们从小学开始练习自主制订
计划、管理一天日程的能力。

　　在制订计划之前，先尝试写下一天的时间，同时思考：平时
的一天中是否有多余的时间？有没有其他想做的事情……

　　此外，孩子的睡眠时间必须保证每天有8个小时。同样地，一
天之中需要有30分钟—1小时在某个节点"什么都不做"的日程
规划也很重要——这样有助于调整大脑状态——适当的"放空"可
以帮助孩子提升对新事物的思考和记忆力。

此处的空白钟可用于画时间计划表

制订一周的日程

在掌握一天的时间分配和行动计划后，可以进而尝试规划一周的活动。学校(幼儿园)放学后的学习和游玩时间可根据具体日期进行灵活安排。此外，双休日如何度过，也是一个需要认真考虑的课题。

总之，提前了解一周计划和事项后，就能按照优先顺序更加高效、灵活地安排自己渴望进行的活动了。

时间不够用的原因

你是否总觉得时间不够用，仿佛总在被追赶？请像做周记一样，在每天晚上睡觉前写下自己一天的行动。

寻找物品的过程会不知不觉地让人花掉大量的时间。寻找一件物品可能只需要花费几分钟，但一天如果要找十件物品，加起来就会花费几十分钟，简直堪称"时间大盗"。房间内物品的整理、收纳有多重要？我们由此可见一斑。

所以本书前半部分提到的"整理"，请大家一定要认真实践。

当你注意力涣散、缺乏专注力的时候，不妨重新考虑环境因素。我们都知道"分心"这种说法。分心，是指一个人很难集中精力做一件事，却特别喜欢在意那些无关紧要的问题。

例如，学习专用的空间中有太多的物品信息，孩子们就特别容易关注视线范围内那些杂七杂八的东西，从而导致注意力无法集中。

因此，在某些特定的空间内减少物品就显得无比重要。

家务能力是"平衡能力"

举个例子，做饭时需要"时间分配能力""多线推进能力""美感""组合力""记忆力""预算力"等各种能力。假设客人将在两个小时后到来，我们就必须提前开始准备晚餐：制订菜单、根据预算进行采购、烹饪……

以5道菜为既定目标，都需要准备哪些食材？按怎样的顺序进行最高效？如何在规定的时间内完成装盘？

这些是再好不过的思维训练方式，可以让你的头脑和手一起动起来。

在欧美国家和日本，从全职主妇成长为企业经营者的女性有很多。甚至，在美国的上流家庭，家务的意义已经被重新审视，男性参与家务的家庭明显增加。

不可否认，家务真的可以提升个人的综合能力——除了必要的食物料理，还有整理收纳、家庭财务管理等各种有助于培养创造力的家务。父子、夫妻、亲友、邻居等灵活多样的人际关系维持和沟通能力也能从中得到锻炼。

所以，是否善于处理家务，很大程度上将决定一个人日后的职场工作能力。因此，让孩子从小帮忙做家务，可以培养他们掌握那些在学校学不到的生活能力。

优质睡眠的重要性

良好的睡眠，可以最大限度地激发人的潜在能力。

一般而言，早起的人在起床后的10～12点(午饭后血糖值上升会导致无法集中注意力，使人犯困)注意力最集中；夜猫子型的人在16～22点(晚饭后血糖值会上升)注意力最集中。

也就是说，为了能更高效地利用上午时间，孩子从起床时就必须确保头脑清醒，这源于前一晚的充足睡眠。睡眠的意义不只是让身体休息，更是让大脑休息。正如乒乓球和足球运动员都无法在疲劳状态下发挥出最佳体能一样，学生在大脑疲惫的状态下也不可能学到知识，因为那些信息根本无法进入大脑，也就不能进行思考和加工。

如果孩子晚上睡眠不足，白天就容易犯困，导致注意力和记忆力下降、情绪烦躁不安，进而对身体和心理状态产生极大的负面影响。

这是因为人类存在一个普遍的生理周期：早上醒来，白天活跃，晚上睡觉。因此，违反生理周期、睡眠不足，就会导致智力低下，情绪发育迟缓，植物性神经失调，使人失去干劲。

当人处于睡眠状态时，大脑会自行整理当天进入脑海的信息，包括发生的事件、看到的事物，等等。通过脑组织的再加工、整理，大脑会留出空白存储空间，以待第二天的新信息进入。

同时，深度睡眠会促进成长荷尔蒙的分泌，这种荷尔蒙分泌一旦减少，增进食欲的荷尔蒙就会增加，使人发胖。对此，成年人也要务必留意。

因此，要想拥有良好的睡眠，就必须规范每天的起床和睡觉时间，并确保白天进行适量运动，睡觉前不看手机和电脑。

年龄	最佳睡眠时间	年龄	最佳睡眠时间
0~3月	14~17个小时	6~13岁	9~11个小时
4~11月	12~15个小时	14~17岁	8~10个小时
1~2岁	11~14个小时	18~64岁	7~9个小时
3~5岁	10~13个小时	65岁~	7~8个小时

数据来源：美国睡眠基金会《睡眠健康》杂志（2015年2月）

过短的睡眠时间会造成身体不适，导致记忆力低下，使人烦躁不安。

过久的睡眠则会导致理性认知发展迟缓，容易引发逃学、忧郁、自闭等问题。

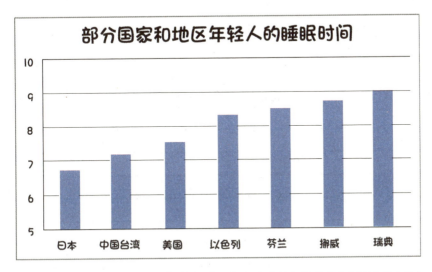

部分国家和地区年轻人的睡眠时间

数据来源：《学术的动向》杂志《儿童的睡眠与大脑发育》（2010年4月）

在西欧国家，教育机构对未成年人睡眠时间的管理非常严格，规定每天晚上9点必须睡觉。

毕竟，人类不是夜行生物，具有早上醒来、白天活动、晚上休眠的自然作息规律。当人体处于"慢波睡眠"状态（即深层睡眠）时，大脑已经入睡，身体依然处于工作状态，此时会分泌生长素，有效减少厌恶、悲伤等负面情绪。

与之相反的是，当人体处于"异相睡眠"（即浅层睡眠）状态时，大脑还在运作，人体进入休息状态，接收的知识信息会在大脑深层进行整理。

因此，只有慢波睡眠和异相睡眠交替进行，才意味着人体获得了充足的睡眠，并对学习和身心成长起到重要作用。

《华尔街日报》刊登过一篇题为"睡眠是成功企业家新的社会地位象征"的报道。在这篇报道中，很多欧美成功人士表示，更优质的睡眠能促进更好的工作表现。

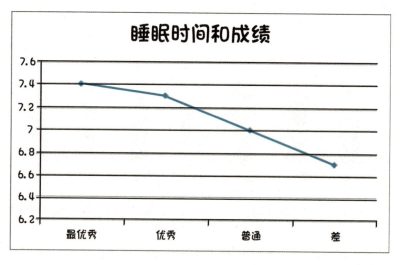

数据来源：《学术的动向》杂志《儿童的睡眠与大脑发育》（2010 年 4 月）

要想睡好觉，除了用脑以外，更要用身体。要想让孩子牢牢记住白天学到的知识，良好的睡眠是必不可少的，因此，要让孩子通过运动、玩耍、劳动等锻炼身体。让孩子吃适量的食物，特别是摄取肉、鱼、豆类等优质蛋白。

好好睡觉，能让知识更有效地进入头脑。睡眠不足的话，即使长时间伏案也不会提高成绩。

在明亮的房间里，大脑无法得到充分的休息。可以把房间变暗，让孩子养成按时起床、早睡的习惯。

培养"不拖延"的能力

"麻烦的事情尽量不要做""我现在只想做开心的事"……这样的想法相信不只是孩子，很多成年人也普遍会存在。因此，把必须做的事情尽快处理完毕，某种意义上也是一种十分重要的能力。

"别人还没开始，自己却已经做完了"，这也是一种不可小觑的能力。就整理方面来说，就是将时间的使用方法看作物品整理——对"必要的时间"和"不需要的时间"的分类能力也很重要。

整理的操练，让孩子拥有高效的行动力

对于已经制订完成的事件、计划，必须确保完全执行，否则，计划本身就没有任何意义。

行动力源于内在驱动力，而真实拥有过"成功体验"的人都会自发地提升行动力。因此，要想孩子集中注意力，就要让他意识到"凡事要按时完成"。养成"高效行动"的习惯，能提高孩子的注意力，并带来理想的执行效果。

这种"成功体验"和"在规定时间内执行"可以成功结合起来，其中较为简单的实例就是"整理"。

例如，"好，从现在开始计时，10分钟之内让这里的东西复原"，"妈妈的东西由妈妈来拿，××的东西由××来拿，谁能更快呢，我们来比一下吧"，等等，这类简单的、能带来整理的成就感的游戏，有着良好的亲子互动效果，会让孩子感受到更多的愉悦感。

"写"的效果

我们应该制订并写下一天以及一周的日程。

在这个以手机应用软件为主流的时代，也许很多人会对"写"的概念充满陌生感。然而，"写"的行为动作，无疑能更深刻地加固大脑意识和记忆——写下目标，写下必须要做的事情，大脑会更强烈地意识到目标的存在。

而所谓有意识，就是让人注意到自己习惯性（处于无意识状态）写下的信息，并由此朝着目标和梦想而努力。利用这样的大脑力量，坚持1年、3年、5年……写下的目标和梦想就会实现。

有兴趣的朋友还可试着为文字附上照片和插图，让这种力量更加生动、直观。

从日本转会到美国，效力于美国职业棒球联赛的大谷翔平，从日本转会到欧洲职业足球俱乐部的本田圭佑、长友佑都，他们从学生时代就在笔记本或手账上写下了自己的梦想——"效力于美国职棒大联盟"或"效力于欧洲足球职业联赛"。

因为人的大脑容易受到重复的语言、音乐、图像等的影响。所以，如果可以的话，不妨贴上容易让人联想的图片和插图，并写上几句话，如此效果会更好。

从小就说"这个孩子不行""脑子不好的孩子"之类的话，孩子就会认定自己是这样的——重复的语言有制造催眠状态的力量。

相反，如果反复听到"你是聪明的孩子啊""你很努力啊"之类的话，孩子会变得更加聪明、努力——记忆在大脑中不断重复，并形成现实。对于一个人来说，其经常看的东西和听的东西是非常重要的，甚至说能塑造人格也不为过。

据说，愿意拿起笔的人运气也会变好。一手工整、雅致的字迹，能让人心情平静，而通过文字和绘画，还能实现同步开发左脑和右脑的目标。

养成行动的习惯

不论是整理也好，学习也好，减肥也好，运动也好，都是日积月累、重复行动的结果。那么，怎样才能长久地持续下去呢？不妨逐渐增加行动，让心情变得愉快。

把"必须要做的事情"作为每天行动的前提，是一种很棒的能力。"别人还没做，自己却做完了"，这在周围人看来更是很厉害的能力。这样的人无疑具有良好的时间管理能力。

一天24小时，一年365天，不能只做自己想做的事情和开心的事情。每个人都有"想做的事情"和"必须做的事情"。不断积累迅速完成"必须要做的事情"的能力，就能成长为大部分时间都能做"想做的事情"的人。

也就是说，为了做"想做的事"，就必须先考虑"必须做的事"。

但是，这种概念往往大脑明白，情感上却很难做到。为了不带入情感，小时候无疑是开始训练的最好时期。

比如，从1岁左右开始，就让孩子养成"拿出来就放回去"的习惯，这样孩子就能顺利记住。但是，从2岁半以后开始，孩子会有一段"对什么都讨厌"的时期。从这个时期开始，孩子有了自己的意志和情感，所以，此时要不断地对孩子说："东西从哪儿拿出来就放回哪儿去。"

平时，父母应该多观察孩子，考虑对孩子说什么话会让他们更有干劲，以及在什么样的环境下更有干劲——对待下属和学生也是一样的。

你必须根据孩子本身的气质去选择适合的语言——有需要严厉对待的孩子，也有需要表扬的孩子，也有不需要父母说自己也会做得很好的孩子。

怒吼、斥责的方式通常是无效的。有可能暂时会起效果，但是，如果孩子根本不明确必须要做的理由，下次他们还是会忘记。

人，只有"自己接受了"，才能自己行动，即明白了"为什么必须要做这个"的理由后才行动。

行动力和肌肉力量的训练一样，实践越多，获得的就会越多。很多人之所以会觉得"麻烦"，正是因为本身欠缺行动积极性，而行动力的缺乏也是一种长期积累的习惯。

无论是整理、运动还是起床时间，一个人只要习惯于坚持自己的决定，就不会觉得麻烦，更不会因为最初的不擅长而选择逃避，相反，他会变得更加认真、执着。

据统计，在日本能顺利进入知名大学的高中生，其一天的学习时间与落榜的高中生相比仅多出15分钟。"非认知能力"——这一IQ（智商）测试也无法测量的力量正受到更多的关注。

在"非认知能力"中，有一种叫作"为达到目的的忍耐力"，尤其值得研究。

关注力的增强并非一朝一夕，它始于基础的背诵和记忆内容。当关注力真正获得提高之时，再去面对不擅长的科目，就会明显感到实质性的提升。

整理也一样，在区分"要"和"不要"的时候，就是考验判断力和关注力的时刻。还有一点需要特别注意：不要让平时没有收拾习惯的孩子在读完这本书后马上整理自己的房间——这样反而容易给孩子增加阻力——毕竟，突然开始进行各种系统化的分类和小物件处理，难免会引发很多新问题，也会让孩子们陷入焦虑的情绪中，觉得自己"不擅长整理"或是"整理不好"。

可以先从原本打算扔掉的物品着手，让孩子寻找和体会整理带来的乐趣。

例如，一起整理冰箱和食材，告诉孩子所有食品都有上市日期和保质期，以"健康"为分类标准，让孩子认识到那些已经过期的食品必须被丢弃——无论是否拆封，是否已经食用。

建议大家选择从这样的具体范围和简单物品起步，等孩子建立好初步的分类概念后，再尝试文具、衣物等物品的整理。

找到容易坚持的方法

习惯，是相同行为的重复。人类并不是一出生就能自然地完成刷牙、洗脸等每天的例行行动的。

有育儿经验的人应该都知道，每天给开始长牙的小孩子刷牙，是一件让人苦恼的事情。毕竟，每个孩子的个性不同。我家也有不想刷牙而到处乱窜的孩子。

而通过日复一日的训练，孩子在上小学之前是可以养成起床后和饭后刷牙的习惯的。

对于读这本书的读者们来说，刷牙洗脸、上厕所、洗澡等现在理所当然要做的事，本来我们也不习惯。因此，在形成习惯之前，我们会觉得很麻烦、很讨厌。整理也是如此。但是，如果变成了习惯，就不会动用任何情感，而是变成很自然的行为。因为习惯会进入大脑的潜意识部分，所以，一旦习惯形成了，不需要感情，也不需要意识，一个人就能自然而然地行动。

孩子从学校回来后会把书包放在什么地方呢？

第一阶段，是让孩子养成"把包放在规定的地方"的习惯。

第二阶段，在放置书包的时候，辅以"拿出包里的东西"这样的行为，并使之成为习惯。当然，不只是拿出来，还要把拿出来的东西分别放到不同的地方。

体验游戏：鞋子回家啦

这个游戏旨在鼓励孩子们把鞋子放在指定位置。

拿出彩色A4纸，让孩子们在纸上画出鞋子的形状，画好可以放在门厅处，并告诉孩子这就是"鞋子的家"，每次回家后，就把自己的鞋子放进"它的家"。这是一个大人孩子都喜欢的游戏。

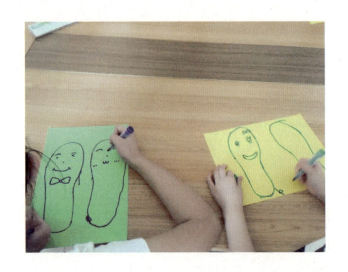

晚饭时，让孩子帮忙拿筷子等。饭后，让孩子把自己的餐具拿走。睡觉前，让孩子做明天的准备（把要带去学校的东西放进书包里，把要穿的衣服拿出来等）。

早上，自己穿衣打扮、吃早饭、去学校，等等，习惯也要日程化。

想一想自己或孩子养成习惯的做法。

即便有想做的事，也因无法行动而放弃——普通人很难成为成功人士的最大原因就在于此。那么，我们该怎样战胜那些"怕麻烦""不想做"的情绪呢？

整洁的训练，帮助孩子快速提取和归纳信息

所谓"大脑整理"，顾名思义，就是将脑海里的信息进行有效的整理，其好处显而易见——可以更清楚地了解他人所传达的信息，同时也可以更好地传达出自己的意图，还能让学到的知识更有效地进入大脑的深层。

当你和他人进行沟通交流时，是否关注和思考过"这个人真正想表达什么""为什么说的话前后不一样"等问题？

事实上，对于没有整理好思路的人，你很难与之进行有效对话。而如果学会整理，就能用最短的时间掌握内容要点。

由于大脑的信息整理需要通过思考习惯来完成，属于"无形的整理"，因此，我们必须以"可视化整理"为基础，通过"有形"的整理（整理空间物品），去掌握"整理信息"和"整理思考"的技巧。

充满各种信息的大脑

据说，人类大脑拥有连现代的超级计算机也无法比拟的存储信息的能力。

由于大脑承载着从出生到目前为止的海量记忆信息，因此，整理变

得尤其重要。当然，并非所有信息都会原原本本地存留在大脑中，有相当一部分会在休眠时被舍弃，还有一部分会因为人记忆力下降而溜走。

一个普遍存在的现象是：有很多老年人会清楚地记得几十年前发生的事情，却一转眼就忘记了刚才的事。

因此，我们可以将信息、回忆等看作有形的"物品"。

请想象一下，在你的记忆中有一个"抽屉"，里面装着50年前发生的事，另一个抽屉里则存放着10年前发生的事。如果是这样，是不是无论在何时，一旦渴望过去的片段"回放"，那么不同时段的回忆就会立即跳出来？

可惜，你无法真的打开大脑，进行这种"抽屉式"的整理。但大脑也有自行"区分信息"的能力，比如，在沉睡时将"必要的信息"和"不需要的信息"分开，自动清除那些不需要的信息……

什么是无用信息？

无用信息可以定义为：感情无法进入、主观思考也无法察觉的信息。毕竟，无论喜欢还是讨厌，让人印象深刻的事情总是容易留下深刻的记忆。

为了确保大脑清晰、有序，外部环境同样重要。如果周遭物品过多、秩序混乱，那么，人的注意力就会被分散，处理信息的能力也会相应下降，压力则会不断增加。

记笔记的方法

如何处理上课或开会时的板书？或者是研讨材料以及讲义的

内容？

全盘照抄的学生往往成绩并不理想，排名只在中游甚至下游；职场人则大多数发展平平。那么，究竟该如何理解、分析、处理这些源于外界的信息呢？这其中大有学问。

笔记和标记提取的目的，是为了在回顾原有内容时能尽可能清晰、全面地掌握所有要点。好笔记的标准并不是内容多、字迹漂亮，而是易于掌握，广泛而适用。

做笔记时，重点和关键字需要特别标注，其他内容可以进行因人而异的补充。

做课堂笔记时，可以将板书和讲义内容联系起来进行总结，平时的作业则可以抄写错误点，并对照正确的做法分析错误的原因，这样可以更好地帮助复习。

而比起做重点标记，更重要的是——重点内容应该尝试用自己的语言进行撰写和总结。

做事的方法——掌握"优先顺序"

无论对人还是对事，都要从宏观以及微观角度出发，去进行多维度的观察和评价，绝对不能只单一粗暴地看一个角度。那会导致眼界的局限和思维方式的狭隘，阻碍人的进一步成长。

在对待日常时间的分配时，也是如此：

首先，我们要通过宏观和微观两个角度审视每一个日常，据此进行生活中的时间分配。

例如，24 小时内一旦随心所欲地行动，就会导致一片混乱，各类事项都无法顺利进行。因此，无论什么时候，都要记得为自己制订"优先顺序"。如果宏观上存在一周之内必须完成的作业量，那么就要在微观角度思考，计划好每天完成多少量，才能确保在一周之内完成。

由于一周的作业量必然不会很小，因此，在一两天之内"赶工完成"的想法，可行性基本为零。

此外，对于考试前想看的电影和书，如果优先顾及势必会影响成绩，那么完全可以安排到考试结束后再去观看和阅读。

"想做"和"做"其实并不相同——对于想做的事(＝不能做的事)，需要先根据习惯决定目标时间，并采取一定的行动，以确保环境的整洁，不让自己的进行效率被寻找物品等杂事所干扰，不让干劲减退。

整理思维的方法

为了确保每个事项都顺利进行，一定要根据不同的重要程度制订"优先顺序"。

这可分为四等分，在纵轴和横轴上标明基准（如下图），随时判断行动相对于目标的重要程度如何。

以下，即为达成目标而考虑行动优先顺序时的写法（见下图）：

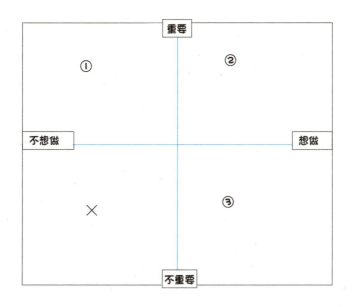

输入、输出

为了把学到的知识真正地"输入"大脑，我们需要将那些记忆内容进行展现，让知识得到整理，同时自然而然地完成复习。因此，包括与他人沟通、教授知识、撰写和发送邮件等展示性的"输出"行为非常重要。

一种相当有效的方式是：将自己当成"二次传授者"，假设每次听完课后都必须将知识传授给他人。回家后，可以把布偶等物品当成你的"学生"，试着像老师一样去教学。父母们则需要在每天晚上问孩子"今天学习中印象最深刻的是什么？最感兴趣的是什么"，等等。

要学会鼓励孩子们把新学会的知识告诉家里人，并通过这种"二次展现"加深记忆，巩固知识。

手账的运用

我们要意识到"写作"的重要性，良好的写作习惯能够帮助我们实现梦想和目标。

在此，我还想介绍一下50年前就开始运用这种方法并最终获得事业成功的土屋公三的"手账"。这种写作方法的简化版，可以让多数人从小学时期就得到良好的实践训练。

首先，请鼓励孩子自由地写下"长大后想做的事情"和"今年想做什么"。如果已经到了秋天，则可以写下对明年的期待。比如"暑假想去××""想学会长距离游泳""想吃到自己喜欢的点心"，等等，请写下10个左右的心愿。

金花的女儿静静的 2020 年"梦想清单"

关于长大后的期待，则包括职业、想住的街道、婚后的孩子数量等，总共写1-5个。

可以利用那些与想象中的画面相似度较高的照片和插图进行制作。

随后，请参照手账所指导的方向进行思考、计划和行动。每天早上阅读一遍，并在当晚回顾、检查。

尝试日记，进行"阅读竞技"

写日记的意义在于，可以客观地回顾自己当天的时间规划和行为过程，从中发现被浪费的时间，思考如何加以改善。同时，一定要写下一件以前充满愉悦和成就感的事情，以获得正向的自我肯定。

"写"的行为有助于大脑整理，而"及时写"无疑具备更好的效果。

一旦养成了写日记的习惯，就能自然而然地推进计划和目标，未来也会随之清晰地呈现在我们眼前。父母可以鼓励孩子制订相应的时间和行动计划。

"阅读竞技"，是指用5-10分钟介绍自己想推荐的书，然后由听众们进行投票，决定最想看谁介绍的书。最后统计票数，投票最多的书籍的推选人自然是获胜者。这样的推荐比赛可在家庭内部7—10天进行一次。

通过这样的比赛，孩子们可以有效地掌握和整理思路，并锻炼演讲技能。与此同时，参赛者必须思考怎样表述才能让大家对自己心仪的书产生兴趣，例如，能否简洁地提取和归纳内容，能否清晰地表述自己的观点，能否成功地展示内容的精彩之处等。

当下，有很多企业会定期举办"读书会"，让员工阅读公司指定的书籍，然后进行小组交流，借此提升个人能力，并加强员工之间的交流。

熟练掌握阅读技巧的人一般都能流畅而高效地进行阅读。然而，利用速读的方法，阅读一遍就能理解内容概要，却往往无法深入了解文章的精华，且更容易忘记。

因此，比起阅读的书籍数量，应该更加重视对于内容的理解。目前，市场上售卖的书籍，很多都可以在两三个小时左右读完，而在这两三个小时的篇幅里，却汇聚着作者们几年乃至几十年的知识和经验。

当孩子还小的时候，父母应该在阅读绘本时经常询问他们的想法，然后报以"原来你是这么想的啊""原来是这样啊"等呼应方式，千万不要轻易表达自己的主观意见。这是由于大人的意见往往会对幼龄孩童产生深远影响，甚至塑造他们的价值观。

因此，从孩子4岁开始，在面对孩子表达自己的想法时，大人可以明确表示"我是这么认为的"，而绝不能武断地说"我的想法是正确的"——后者会左右孩子的思维，让他们逐渐变得狭隘，甚至害怕思考。

不能停止思考

每当遇到困难的时候，我们的第一反应就是：怎么办？

其实，如果光想着"怎么办"，大脑的思考就会停止。请试想：在没有智能手机和地图的情况下走山路，如果眼前同时出现了三条路，应该选择哪条继续前行？

此时的人一定容易陷入迷茫，这种状态就是人们常说的"怎么办"。如果一味地纠结于此，就会始终无法选择，裹足不前，让时间白白流逝。

在这种情况下，更理性的做法是，首先去想"现在怎样做才最有帮助？""最终要做什么？"等，想方设法地确认目的地的正确方向、标志物以及判断方式（比如看太阳朝向等），以及是否有路人可能从那里经过。

如果眼前的三条路都能抵达目的地，但地形和时间并不相同，那么就要继续做具体分析。比如：假设其中一条路的距离很近，但需要爬陡坡；另一条路非常平坦，但需要花费更多时间；最后一条路则可以轻松快速地到达目的地，可一旦中途下雨，就很容易遇到泥石流。

面对上述情况，选择方案完全取决于你自己。请让自己冷静下来再分析情况（整理问题点），比如，对于尽管可以快速达到但必须面对下雨和泥石流风险的路，就要重点思考最近的天气情况，比如当天是不是很容易下雨等因素。而如果并不需要赶时间，那完全可以果断选择平坦的道路。

总之，一旦遇到麻烦，应该让大脑快速整理和思考各种情况，以帮助自己摆脱困境。而人生路上的各种艰难困苦都没有现成和单一的方法去解决，必须针对不同情况进行思考、尝试，并且尽量避免时间和资源的浪费，锻炼自己在最短时间内找出可行方法的能力。

简言之，所谓整理大脑，就是"选择什么"的过程，而人生则是选择结果的延续。

在前面的文章中，我们讲述了关于梦想和期待进行的事。对某些人而言，也许有形的目标很容易实现，却无法关注和思考那些无形的梦想和目标。

如果能从小就找到"梦想的职业"和"喜欢的事情"，就应该立即行动起来。但大多数人并不能在童年时代就找到明确的兴趣和目标，所以，我们要尽量为孩子们提供体验的机会，包括观看、聆听、参与等。

想从事的职业、想尝试的事以及感兴趣的事物都不是凭空出现的。那些钢琴家、职业足球运动员往往都是因为小时候的机缘巧合而确定了毕生的职业方向。由此可见，不同的体验机会是多么重要。

然而，在信息爆炸的当代社会，每天通过不同渠道进入我们脑海中的信息量巨大而繁杂，往往让人难以分辨。由于多媒体和互联网科技的迅猛发展，物理距离被不断缩短，人际关系从传统时代每个个体一生通常只涉及几十人，发展到如今可能会涉及几百甚至上千人。

而且，信息扩散的速度也越来越迅速。曾几何时，我们通过广播获得信息，这种方式整整花费了38年才实现了同时向5000万人传播的目标。而电视机在大约半个世纪前开始普及，十多年后才达到了5000万人可以观看的数字。(这是在日本的情况——作者注)。而对于互联网来说，信息的扩散速度越来越快。

每天都有如此多的信息向人们袭来，除了新闻和知识，还有那些坊间传闻、娱乐八卦、批评建议，等等。于是，我们会在信息的"质"和"量"之间徘徊——信息的内容是否真实？信息里究竟有多少成分是事实，有多少成分是谬误？关于这些问题的思考和分析能力变得越来越重要。

人们总会对自己或他人产生职业期待、财务期待、价值期待，也会出现各种各样的焦虑和烦恼。朝着目标持续思考是行为的原动力，相反，如果一味执着于负面情感(嫉妒、怨恨、憎恨)，就会变得狭隘，甚至于徒然浪费时间和精力。

那么，该如何放下执念？不妨从整理物品开始吧。对于不需要的物品，要学会从情感上"放下"，冷静处理。同时，从整理的角度，深入理解自己的思想和情感。

人们的脑海里经常充斥着各种信息，包括思想、回忆、知识，等等，它们会随着我们年龄的增长而增加。

请把你的大脑想象成一个塞满衣服的柜子：白袜子只有一只，想穿的衬衫没有，却有很多根本不需要的衣服……"没想到，我的衣柜居然是这样!"

其实，知识整理和衣柜整理也有这样的相似点——

此时，你是否也想过，完完整整的一双袜子和衬衫需要被好好地放入抽屉或挂在衣架上。一个干净整洁的衣橱里，最好没有多余的衣服，只有需要的物品，让人每次都能顺利找到所需要的"装备"。

明明是学过的知识，却在关键的时候怎么也想不起来了！这不仅让人失望，更可能令你白白损失时间甚至机会。如今的这个前所未有的"信息过载时代"，信息量之大远远超过了人的记忆可承载的容量。由于大脑会自主地存入那些无意中看到和听到的信息，因此，千万不要去刻意记住那些无用的信息，而应学会判断它是否是"有效信息"。

同理，为何虽然学过很多知识，却无法获得理想的成绩，也做不到活学活用？这正是因为那些知识信息没有经过大脑的"有效整理"。

事实上，即使意识到必须要改变的现实，很多人也很难在短期内养成好习惯。而且，越是要求自己"必须要做""要加油"，就越会给大脑施加更多的负担，效果也未必理想。所以，我们应该避免给大脑施加过多的压力——慢慢来，就能做好。

行动力可以通过锻炼脑背前额叶外侧皮层这一回路进行培养。因此，请像锻炼肌肉一样锻炼大脑回路吧！

告诉自己去做，让大脑得到强化，你就能马上去执行。可一旦内心充满了欲望的暗示，然后不断告诉自己："我会改变！"大脑就会不自觉地表示抗拒："不行！"

大脑具有与"整理"相关的功能区，由于信息、决断、思考等信息实在太多，因此，必须学会舍弃那些"无效信息"，同时接纳全新的有效内容。

只有善于创造大脑空间的人，才能成为人生赢家。比如，成功实现"空间创造事业"的已故苹果公司创始人——史蒂夫·乔布斯。

乔布斯极善于做选择，更善于"舍弃"。他明白，如果什么都想要，iPhone（苹果手机）的设计肯定完成不了。

如同史蒂夫·乔布斯那样，从思考中删除"无用信息"的整理能力，其实等同于良好的选择能力，这是一种非常强大的能力。因为对于大脑来说，只有适时地"舍弃"，才能有足够的信息存储空间。

对于房间而言，放弃多余的物品，才能让房间拥有更多的空间。也因为拥有这些新空间，我们才能拥有更多"灵光一闪"的时刻，进而创造更多思想，拥有更多干劲，并更乐于接纳新事物，迎接不同凡响的生活。

除此之外，还必须设定和利用好"截止日期"，为大脑施加适当的压力，使能力获得提高。

大脑抑制力越高的孩子，往往越容易缺乏主见，他们只会遵照别人的指示做事，并不能真正成为迅速决断和行动的人。最近的调查显示，过早的教育不会产生任何效果，父母应该保证孩子们拥有充分的玩游戏、冥想(发呆)的时间，而非单单注重学习时间，如此才能提高他们的非认知能力。

父母需知

要鼓励孩子主动参与自己的成长过程，让他正确、快速地判断对自己来说必要且重要的信息。对此，父母需要做到不决定、不准备，以及不主动提意见。另外，人的大脑会在睡眠时间自行整理白天进入的大量信息，所以，确保孩子得到充足的休息无疑非常重要。

在REM睡眠(身体休息，大脑醒着的状态)中，大脑会主动整理应该被保留的记忆和可以被忘记的信息。所以，工作越繁重的人对睡眠质量的要求越高，因为如果不能做到"遗忘"，就会导致大脑超负荷运转，严重的甚至会造成精神错乱。

零花钱管理，培养孩子财商意识

为了帮助孩子认识时间，我们应该教孩子学习带分针的钟表，而非电子表。因为孩子学习看钟表的时候，可以逐渐地认识时间，明白时间由一天24个小时组成，1个小时由60分钟组成，1分钟由60秒组成，一天还可以分为早上、中午和晚上。

同理，如果孩子习惯使用电子货币，那么他们也不会对货币有形象的意识，很难了解如何更正确地使用金钱。因此，让孩子先学会使用现金就显得尤为重要。他们明白了现金的概念，就会思考如何购物，懂得如何正确地购物，才不会无意识地增添"无价值的物品"，造成房间的混乱和局促。

在杂乱无章的环境中生活的人，往往做不好消费计划。据一位银行住房贷款专员介绍，这也是许多无法偿清债务的家庭普遍具有的特征。这位专员拜访了2000多户家庭后表示：那些物品数量过剩的家庭，受困于不良的消费习惯，因此90%以上缺少还款能力。盲目消费不仅占据了大量的生活空间，还会使家庭开支紧张，甚至使家庭变得一贫如洗。

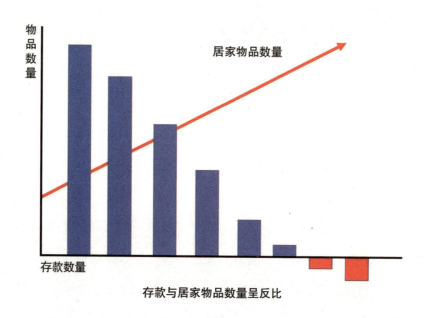

存款与居家物品数量呈反比

　　我通过整理师的身份拜访了很多家庭后也对这一观点更加确信：家中物品的数量和存款数额成反比。盲目消费甚至会导致家庭存款为负，比如日本很多家庭都会使用信用卡购物，每个月的月收入绝大部分用来偿还信用卡，严重的时候甚至连家庭的生活费都不够，更不用说存款。

　　有调查结果显示，在日本，最缺钱（存款）的家庭反而是那些收入高于平均水平的家庭。因为这种收入水平的人更容易被物质左右。购买名牌，乘坐高级轿车等支出额度都超过了平均水平和实际的自我承受能力。很多"月光族"便在这样的消费循环中，月收入10000元，月支出也是10000元，手头连1元都无法剩下。遇到突发疾病或房屋急需装修的情况就会陷入束手无策的境地。因此，严格控制金钱的"收支"也是一种具有实际意义的整理方案。

很多父母注重让孩子从小学习"物品的整理和收纳""时间的使用方法"，殊不知让孩子从小学习对金钱的管理与其他能力是同等重要的，因为没有金钱，我们无法维持基本的生计。

从小学习存钱的方法，将来就可以拥有创业的资金。在给孩子零花钱的时候也需要让他们学会和懂得如何记账，这是存在于脑海中的数字整理。

时间

买了什么

费用

收入

支出

剩余

让账目一目了然。

月	日	内容	收入	支出	剩余
1	1	零花钱	50		50
	6	漫画书		4	46
	10	玩具		20	26
	11	饼干		6	20
	15	叔叔给的零花钱	20		40

通过记账，可以让孩子认识数字。一旦他渴望购买超过一个月

零花钱数额的物品，就必须学会存钱。在存钱的过程中，孩子还需要学会经受住各种诱惑，这样获得的物品会变得更加珍贵，才能真正生活在由"必要"和"真正喜欢"的物品围绕的环境中，使幸福力得以提升。

掌握财富管理方法并养成习惯，长大后可学会以下事项：

·想清楚再购物

·只买必要的

·考虑是否必要

·考虑是否有空间存放

只有进入居家空间的物品数量变少，我们的空间才会更加清爽整洁而不复混乱、局促的感觉。同样，孩子长大后，微信、支付宝等电子货币会慢慢取代现金的支付，只有从小拥有财富管理的潜在意识，使用电子货币或信用卡时，才会拥有更多的理性能力。

由于看不见摸不着的电子货币更容易造成非理性消费，因此在使用电子货币时，"收支"的记录也同样重要。

利用记账app或记账本、电脑等不同的记账方式，记录收入（收款、工资等）和支出（购物、还款等）。请记住：良好的财富管理能力从记账开始。

我们可以如此告诉孩子：金钱是一种工具和媒介，通过各种交换获得自己需要或渴望的物品或结果。比如：我想吃草莓，但无法自己种植，所以选择购买行为；屋顶破了个洞，自己不会（或没时间）修补，于是付钱请别人去做。由此，金钱是作为交换的工具和媒介而出现的，决不能因此而失去节制的贪恋物品。一旦超出可控范畴，家就会变得荒芜，心里也会污浊。"想要的东西、想去的国家、想做的事情"，为此而存钱的想法和途径才是我们实现过程中有趣而至关重要的。

老子说"知足者富"，指比起什么都想要的人，满足现状、欲望可控的人更容易得到财富。这句话放在千年后的今天，依然是精确而普世的道理。珍惜前人的智慧和经验，教孩子合理利用金钱去创造价值从教会他们管理零花钱开始吧。

父母实践

魔法语言提升孩子对收纳的兴趣

很多妈妈说，孩子不爱收拾，自己只能跟在他们身后不断地催促。如此一来，孩子可能刚开始的时候假装听话，做的让大人满意，可一旦大人有所放松、不再盯着他们，一切就又会恢复原样——孩子继续偷懒、敷衍了事甚至"罢工"。我在教授亲子整理的课程指导中发现，妈妈眼里不喜欢收拾的孩子们，都会有一个共同点——反感家长的催促、唠叨、压迫，他们因为抵触情绪而失去干劲。

有一次，我在一所上海的小学上课，不知为何电脑怎么也连不上投影仪，于是我向孩子们寻求帮助："谁能帮我看一下，哪条线是连接电脑的？"那一瞬间，几乎全班的孩子都不约而同地告诉我正确的操作方法。看着那一张张充满真诚、喜欢助人为乐的脸蛋儿，一股暖流涌上我的心头，第一次见面的我们还没开始上课和交流呢，心就已经在一起了！

从这个瞬间我们不难发现，只要大人真诚地寻求孩子的帮助的时候，孩子们才会真正地愿意参与。那些在父母眼里喜欢偷懒、敷衍了事的孩子，其实都是渴望被看见和尊重的小天使。

如果我们能学会真诚地对待孩子，改变语气，使用"魔法语言"，说不定你家的孩子也会变成你想象中的"别人家的孩子"。

■ 提高孩子参与度的话语

收拾完吃点心吧（期待）

你能帮忙吗？（请求）

如果你能和我一起收拾就好了（邀请）

O和△，你想先收拾哪一个？（选择）

一起比赛吧（游戏）

下次放在周末收拾吧（提前告知）

"××点为止"收拾书桌（具体指示）

此外，很多妈妈对孩子发出整理指令的时候，只是模糊地说：快收拾一下。这样其实会给孩子造成理解难度，他们可能不明白你到底要他做什么，从哪里开始收拾？怎么收拾？因此，父母可以说的更具体一些，比如：请收拾书桌，将明天要带的书放进书包里，其他的书放在文件盒中。书桌上的垃圾扔掉，玩具放回玩具柜中，等等。

■ 提高孩子参与度的技巧与结束后的反馈

好棒啊！收拾得真干净（具体表扬）

谢谢你，帮到我了（感谢）

啊！这么快就收拾好啦？！（惊讶）

你看，多干净啊（一起欣赏）

变得很整洁啊（看见）

※结束后的反馈更重要！

可能有的家长会认为，家人之间这样说话会有疏离感，太过客气了。我们不妨试着把孩子当成同事，当同事协助你完成了一项工作时，你是否会发自内心地感激同事呢？同样，孩子们也是通过家长给予的不断的肯定、鼓励，才能持续加固自己的价值和存在感，因此千万不要对孩子吝啬你的鼓励！

■ 让孩子消失干劲的话

快点~

你总是~

说几次才明白？

为什么不收拾？

你要自己整理的呀（说教）

以上这些习惯用语，你是否经常脱口而出呢？这显然会让孩子感到压迫，不被尊重和接纳，带走干劲儿。请再次回想你日常与同事的交流方式，也把孩子当成同事一般，注意说话的语气语调吧。

考上自己理想的学校，从事自己喜欢的职业，这可能是大多数人的期待。但与之矛盾的是，很多人并不具备将这些愿望变为现实的能力——即"目标达成力"。

所谓"目标达成力"，是指自主制订、执行并顺利达成的能力。

想要顺利地达成目标，不仅需要个人的专业能力，还需要人与人之间的合作能力、情感控制能力以及责任感。其中，情感控制能力决定了你能否和他人建立良性的人际关系，也算是一种"人际关系体验能力"。

例如，在当今社会，在人前控制愤怒、悲伤等负面情绪的能力显得无比重要。而妥善地整理好自己的情绪，不让瞬间产生的情感直接显现，则是一种高层次的领导者素养。

此外，"语言整理能力"无疑也是会深刻影响一个人的重要能力。

■ 让大脑养成习惯

大脑养成的习惯，即我们通常意义上所说的"习惯"。习惯，除了包括整理行为之外，还包括思考方式、语言习惯等。

从科学上说，大脑的使用方法(回路)是固定的，可以决定性格等种种个人因素。在面对突发情况时，究竟是积极应对，还是消极回避，这是由大脑的思维习惯所决定的。

换言之，虽然人存在从出生起就遗传自父母的个性，但其性格在更大程度上还是环境作用的产物，并且会随着环境的变化而变化。

人一旦养成灵活运用大脑的习惯，就会被转化成行动。由于大脑会潜移默化地记住声音和文字，因此，正确地使用和锻炼大脑，让自己的行动和语言"影响"大脑发育，就显得尤为重要。

■ 使用魔法语言

什么是"让别人行动的语言"？就是一种可将行动状态显现出来的"魔法语言"。

比如，由于数学能力欠缺而总是无法获得理想成绩的孩子会深信"我的数学很差"，而一旦进入这种状态，他们将更难获得理想的数学成绩。与之相反，积极的思维状态能帮助这样的孩子实现更多目标。

因此，请尽量在不擅长的科目或在睡前使用"魔法语言"吧！如果想学好数学，可以用"我能轻松解决数学问题""我喜欢数学""能学好数学很开心"等轻松、积极的方式进行表达。

如果每天或经常这样表述，大脑就会逐渐产生"我的数学很好""我喜欢数学"等认知，有助于孩子产生努力学习数学的正向认知。

还有那些从小一直被父母夸"你很可爱"的孩子，他们会理所当然地认为自己很可爱；听着"你真是个温柔的孩子"这样的赞誉长大的人，也会越来越温柔——"有魔法的语言"就是这样神奇。

抵达运动巅峰的运动员就特别喜欢使用这样的语言，他们中的很多人每天会对着镜子不停地说"我能做到""我能获胜"，并且不断想象自己获胜时领奖的样子。

以此教育孩子不轻言放弃，每天使用"魔法语言"，不断对自己说"我会赢""我一定能让梦想成真"……大脑就会随之建立相应的"接收天线"，努力思考如何使之成为现实。

应该怎么让大脑自主地判断"否定性语言"呢？毕竟，对于减肥总是失败的人来说，"反正我就是瘦不下来"已经成了某种"心理惯性"。因此，请将这样的语言"替换"成具体可实施的语言，例如："不如把坐电梯改成爬楼梯吧，这样就能瘦下来"，等等。

将"否定性语言"换成具体行动＋"我可以""我能做到"这类心理语言暗示，可以带来很好的效果。

大脑对于语言的反应非常单纯，"做不到""不可能""像我这种人办不到"这样的口头禅，完全可以变成"我能做""我可以""我没问题"。

而如果反复说"你是做什么都不行的孩子""笨手笨脚的孩子"……长期被这样评价的孩子就会认为自己是这样的人，未来也不可能有良性转变。所以，在教育孩子的细节中，请慎重地使用语言。

如何让孩子习惯正向思考，所选择的语言和角度大有讲究，也会对他们的发展产生完全不同的作用。

如果想让孩子产生自我肯定感，经常说"你来到我们家，让妈妈（爸爸）感到很幸福""谢谢你来到我们家"，孩子就会对自己充满自信。

其实，这不仅限于亲子关系，还包括夫妻、亲友，等等。追求真善美是人的天性，如果经常听到"能和你相遇真是太好了"这样的表达，想必无论是谁都会心生欢喜。

> 作业：请各位家长每天晚上都和孩子聊一聊"今天最开心的事"吧！

■ 学会总结那些要传达的语言

任何人都可以说出自己想说的话。但究竟能否真正将语言中所包含的态度和意义准确传达给对方？恐怕持肯定回答的人并不多。

语言，是人类进行沟通的最重要的工具。充分理解对方所表达的意思，准确表述自己内心的想法，在尽量短的时间内分出重点和次重点，据此整理好笔记，就能做到高效地记忆和理解。

对话，则是日常积累的产物。在进行亲子对话时，可以尝试从封闭式提问转向开放式提问。

封闭式提问是指"是"或"否"一类单一回答的问题。例如，

"今天吃早饭了吗？"回答只能是"是"或"否"。

而开放式的问法就是："你今天吃早饭了吗？（如果吃过）吃了什么？"回答为："今天早上吃了面包、牛奶和水果。"或者"不，我没吃。""为什么不吃呢？"或者"那你平时一般都吃什么？"

总之，加上一句善意的"追问"，就容易让聊天继续愉悦地进行下去。

当孩子放学回来后，家长通常会问："今天在学校怎么样？"

获得的答案大多是："没什么。""和平时一样。"

如果想让对话阐发出更多内容，可以这样问："今天在学校做了什么？"然后引导孩子回答当天发生了什么事，学到了什么知识，以及一些关于朋友的事情，等等。

但即便这样，依然会有不能流畅表述的孩子，他们虽然很努力地表达，也希望获得他人的倾听和肯定，但依然抓不住重点，让人感到很无奈。

幼龄的孩子一般都会有一个特别渴望表达的成长时期。他们会拉着父母听自己说话，但此时他们的思维和语言能力还没成熟，所以经常会前言不搭后语地说上很多。

这时候，父母需要在认真倾听的基础上追问一句："是这样吗？"并且把孩子刚才说话的内容整理一遍，然后讲给孩子听。如果能在纸上按以下顺序写下谈话内容，孩子就更容易理解。尝试多次重复练习，可以让孩子更好地掌握表达技巧。

①时间 ➡ ②地点 ➡ ③人物 ➡ ④事件 ➡ ⑤结果 ➡ ⑥感想

"语言整理"的特点，是无法可视化，对孩子而言难度更加显而易见。

正如上文所述，引导孩子按照"时间→地点→人物(谁和谁)→事件→想法"这一顺序，就可以简单有效地整理出清晰的语言脉络，并能在每天的对话练习或短文表述中掌握整理语言的基本技能。

比如，每天设计一个题目，限制字数（100—300字左右）。因为如果不加以限制，就容易出现烦冗、拖沓的情况。用"限制"的方法可以有效地判断和整理出必要和不需要的信息，这是整理思维和语言的必要方法。

当一个人习惯在规定字数内顺利表达，那么在有限的时间内也能及时传达出准确信息。随后，可以就"表达方式"的内容进行整理。

由于"事实""感情""批评""抱怨""谩骂"等因素，都是常规对话的一部分。而在这些因素里，除了毫无疑问需要保留的"事实"之外，有哪些需要舍弃呢？这可以说是我们每天都要思考的议题。

■ 沟通能力能反映出会话能力

"传达"的说话方式大致可分为两种，一种是"报告"，即只根据结果叙述事实的表达方式；一种是"日常会话"类，即融入各种日常情绪的说话方式。

"报告"的内容越短，越有助于理解。通常，从"发生了什么"的结果表述出发，将补充说明的内容安排在末尾，这是商务场合必须掌握的语言和文字技能。

无论针对哪些内容，只用一张 A4 纸就能整理出企划书和报告材料，这样的"文字整理高手"无疑具有更高的工作能力——阅读者只要根据那张 A4 纸就能了解会议或相关活动的全部内容，这是一种整理"概要"的高级技巧，其实也是"整理思维"的结果。

相反，越是缺乏"整理思维"的人，就越容易写出多达数十页、甚至更多页数的企划书和资料。

关于注重交流技巧的"日常会话"，相比"报告"而言就会显得更富有趣味性。例如，报告无须加入那些中途可能发生的细节，因为这会大大降低其效果。但这样的事实和语言"小插曲"在日常会话中无处不在。

所谓"起承转合"，就是故事的开始→故事的继续→发生某种转折→结果。

很多文学或影视作品、动漫故事，比如《哆啦 A 梦》等，都拥有这样的起承转合。以推理小说为例，从最初案件的发生，到在案发现场寻找犯人，再到被认定的嫌疑者以及真相的揭开，到最后真正的犯人被逮捕。通常，这样的"起承转合"安排具有更大的吸引力。

相对来说，一开始就明确犯人身份的"纯推理"故事，其趣味性就会减少很多。

这就是"报告"和"对话"的区别。但无论哪一种，关键在于达到传递信息和引发兴趣的目的——最重要的一点是要让对方心领神会，做到"精准传达"。

请果断排除不需要的词语，每天以游戏的方式进行整理训练。

作业：尝试增加词汇量，让对话更加生动、有活力。

同为交流的重要组成部分，"传达"能力固然重要，"倾听"的能力也一样不可小觑。无论在工作还是生活中，过多的或夸张的语言表述都会催生对方的厌烦情绪。比如，如果销售人员一直在机械地夸耀自家的产品和服务，一定会引起潜在客户的排斥和不满，甚至打消购买欲望。

但当你听到对方根据你当下的心境和需求，恰当地询问："你正为这样的事情烦恼吗？"也许你对对方的印象就会大为改观，最终，交易成功的可能性也会大大增加。

在商务交流中，更多地倾听对方，让你的客户或合作伙伴更愿意表述，显然具有重要意义——这能让你获得更多的信息。而日常对话的重要性在于维系双方关系的平衡，促进情感的和谐。因此，出神入化的交流技巧，可以说是成功的秘诀之一。

■ 情绪的整理

通常，人在 4 岁左右开始心智的成长，孩子在与他人的互动中发现各种想法、意图、目的等，并自然而然地发现人和人之间的不同想法与感受。这种发现意味着孩子正在进一步地深入探索人际关系。

在这一时期，父母可以引导孩子充分表现自己的情感，帮助孩子顺利融入集体生活。

学会表达情感的第一步，是认识情绪。最初，我们会告诉孩子什么是"开心"和"不开心"，之后继续了解"愤怒""忧伤""害怕""平静"等情绪。

这时候，父母应该告诉孩子每种情绪会让人呈现怎样的不同反应，身体和心情会出现什么改变。

我经常和孩子进行"情绪表演"游戏，孩子们很喜欢参与其中，并在欢乐的游戏中学会各种情绪的表达。

当然，也可以利用孩子们喜欢的乐高玩具来搭建起"情绪之家"。鼓励孩子把发生的事情和当下的情绪写出来，放进"情绪之家"中。一旦情绪被"可视化"，心情会随之舒缓。

这个游戏的意义在于，帮助孩子认知情绪，了解觉察情绪是整理情绪的第一步。

■ 表达情绪的魔法句式

请告诉孩子，各种情绪的出现对于人类而言是再正常不过的现象，正如风霜雨雪、四季轮回一样自然。情绪是身体的"信使"，没有好坏之分，我们可以通过情绪了解自己内在的真实感受。

我们曾在亲子课堂上带着孩子进行练习，发现中班以上的孩子们大多易于表达真实的感受，而小学阶段的孩子则相对比较"情绪化"。

即便是有魔法的语言，也需要安全的环境支持才能真正"施展法力"。在家练习"魔法句式"时，父母请记得一定不要评判孩子们的对错，同时也要尽可能地创造让孩子勇于表达内心和情绪的"安全环境"。

可以跟孩子一起创建"情绪之家"，让习惯沉默的孩子开口，鼓励他们写下自己的情绪，然后放入"情绪之家"中。

镜像效应，
激发不同年龄段孩子的收纳热情

在棒球、足球、排球等小组制的运动中，拥有强大实力的队伍也有失败的时候，而普通的队伍也会获得集体荣誉，那无疑是教练的力量。好教练能让每个个体都发挥出最佳水平。因此，当你发现孩子或者下属有所欠缺的时候，你就有必要重新审视作为"教练"的自己。

大多数人，尤其是孩子，一旦感觉到自己说话被倾听、被重视，就会产生认同感和自信心——"自我肯定感"即来源于此。这

个理论同样适用于上司与下属、老师与学生、夫妇之间等人际关系。

"爱"的对立面既不是讨厌，也不是憎恨，而是"选择性忽略"。而对话这种方式，从某种程度上来说就是构建人际关系的基础。

自幼就能被认真倾听会让孩子觉得自己被需要和重视，这种无形的价值感将对孩子的未来产生深远影响，能奠定他们一生的自信心和决断力的基础。

倾听的重要意义在于——能连接起他人和自我之间的内心认同。一旦缺乏这种认同感，人与人之间将失去信任等积极的情感交流，而只能用物质、金钱、地位和名声这些功利因素连接彼此，由此埋下各种不安全的隐患，甚至引发排挤、贬低、伤害、甚至暴力等问题。而如果更多的人能拥有自我肯定感，世界就会拥有更多包容、理解和友善。

就让我们从"倾听"开始吧。

首先是倾听的态度，应该认真看着对方的眼睛，确保有效的眼神交流，不能一心二用、三心二意，否则就是无效倾听。而要实现亲子之间的有效倾听，只有在家长拥有专门的空余时间的情况下才能做到。

如果你每天都有忙不完的家务，那么倾听就变得毫无意义了。如何减少家务负担，实现高效做事？答案就是减少物品数量，学会高效整理。

如果你在某个时间段实在无法抽身，就要明确并具体地告诉孩子：现在实在是抽不出空来，30分钟后我会好好地听你说。同时，一定要遵守自己与孩子的约定。

在婴幼儿时期，"拥抱"等肌肤接触的方式会让孩子产生安全及自我肯定感。倾听时，你必须一心一意，不能一边干家务（或者看智能手机）一边听，而是好好地看着孩子，给予他们说话的充分时间。一直听到最后，不要中途打断或武断地纠正，也不要试图将自己的观点强加给孩子。

还要让自己"换位思考"，和孩子有"共鸣"。例如，你可以用"原来是这样啊""那真是太糟糕了"之类的语句呼应孩子的感受，只是在孩子明确要求给予帮助的时候提出建议。

此外，尤其不要代替孩子去回答。面对渴望得到"正确答案"的孩子，你可以反问他"如果是你的话，你会怎么办呢？""你会希望怎么做呢？"等，以此培养他们的思考能力。总是由父母等长辈习惯性"代替回答"的结果，就是让孩子变得怯于或懒于思考，只会按照固定性的答案行动，如同提线木偶一样，毫无创造能力。

如果某件事是因为遵从他人的意见而在执行中遭遇了失败，出于惯性心理，人往往会自发性地安慰自己：这不是我的错。如果长期习惯于逃避责任，就会变得怨天尤人，甚至一事无成。

我们需要明白的是，世上所有的成年人都过着自己选择的生活，"自我"，即是第一责任人。即便是由他人主导的事务，很多具体细节的决定者也还是"自我"。

在婴幼儿时期，父母会关注和保护孩子，留意他们是否好好吃饭，有没有生病，是否会遇到危险；幼童时期，由于必须使孩子具备基本的教养，所以要观察和确认他们是否掌握了各项日常生活能力；小学时期，需要观察孩子是否能和朋友和谐相处，是否能愉快地学习；而到了青春期，由于荷尔蒙水平的影响，孩子会出现情绪的激烈起伏和心志的摇摆不定，有时甚至连自己都不知所措。

对于这种情绪，相信大多数女性都能理解——一年之中，每到生理期前后都会有些焦躁不安——青春期的感觉也大致相似。

这段时期是孩子成长过程中最具有挑战性的时期，他们容易因为各种不经意的话语和处事方式受到伤害——这真的是一个"多愁善感"的年龄段，

而与此同时，孩子还要承受正视未来、做出抉择的压力，会产生很大的心理负担。特别需要成年人以宽容的态度来理解、包容、保护和建议，父母需要格外地关注和照顾青春期的孩子。

无论在哪个年龄段，是否得到充分的关注和照顾都会对孩子产生显而易见的影响，被冷落的孩子和受到强烈关注的孩子会在长大后呈现鲜明差别，前者的自我肯定感明显少于后者。而"倾听"，即是关注和照顾的重要环节。

除了"倾听"之外，我们还要关注"鼓励"。心理学中有一个著名的"罗森塔尔实验"，大致内容是：如果教师认为某些孩子聪

明，对他们有积极期望，认为他们以后智力会发展很快，那么若干个月后，这些孩子的智力果真得到了较快、较好的发展。相比之下，没有得到教师的这种积极期望的孩子，其智力发展并不明显。

而事实上，两类孩子的智商并没有什么差别。此外，这些孩子几乎是在完全相同的教育环境中成长起来的。由此可见，教师的良好期望会传递给学生，并使其朝着教师所期望的方向变化。

随着孩子年龄的增长，他们发挥潜质的能力会越来越取决于身边的长辈做出合理引导的能力。以下，是按照不同年龄段进行区分的相应方法，但并不排除存在个体差异的情况：

婴幼儿时期，"亲密育儿"非常重要，这不仅是指长期与孩子生活在一起，更重要的是对孩子说话、微笑、拥抱等肢体语言方式。甚至还有理论指出，对3岁以下孩子进行所谓的"优质超前教育"，可能会抹杀他们的天赋和才能，也会令孩子的大脑发育受到阻碍。

幼童时期，与更多的同龄小伙伴一起玩会有助于大脑发育，因为3个以上孩子的沟通和共处模式，就构成了一个"小社会"。孩子将由此开始接触和认知"社会关系"，并能从中了解人际关系，学会情绪控制。

大声训斥或殴打等教育方式会导致孩子的大脑发育迟滞或倒退，父母们一定要注意避免这么做。

到了青春期，"心怀梦想"是引导大脑向着未来志向发展的关键所在。此时，对于孩子希望成为哪种人、想做什么事、想达成什么目标的各种心愿，绝不要武断地说："不行吧"或"你肯定做不到"等。他们到底能否实现自己的心愿，是由你说了算的吗？

究竟怎样才能帮助他们实现愿望？即使没有完全实现，是否能帮助孩子更接近目标？思考这些问题，才是作为家长和老师的职责。

那么，如何让自己成为一个合格的"成长辅助者"呢？这就要需要我们提到过的"信息收集能力"。

人即使活到100岁，大脑也可能越用越灵活。即使是80多岁的老人，假如遇到恋爱或是新养宠物等情况，也会突然变得精力充沛。而青春期的孩子若是心怀梦想，就能让大脑自主朝着为了达成梦想而努力的方向发展。

因此，大人一定不能随意地否定孩子，而是要给予他们积极的鼓励和肯定。

面对青春期的孩子，家长有四个重要的职责：

①不要将自己的想法强加给孩子（不说出来）。

②不要做多余的事。孩子自己的问题，让孩子自己解决。

③不遗余力地帮助孩子找到"爱好"，并且在找到爱好之后持续关注，营造良好的环境。

④引导孩子为实现自我理想与良性社会做贡献。

后记

与孩子一起，享受整理的乐趣

整理房间(规划空间)可以锻炼大脑中的"空间认知区域"部分，可以有效提高学习图表、表格、地理等内容的能力。

告诉孩子整理的意义，并让他们体会到整理空间所带来的好处，从孩子小时候开始和他们一起整理。也许，很多成年人会用自己的经验和标准来要求孩子，但事实上，对于人生经历还如此少的孩子来说，要求他们短时间内"突飞猛进"本身就不具有现实性。

更有甚者，有些家长自己都不能正确地理解"整理"，掌握整理技能，却偏偏要求孩子"收拾干净"。孩子对此既无法理解，也做不好，这是必然的结果。

既然成年人也存在很多无法达成的目标，那就没有理由苛求孩子。一开始无法做好实属正常，这也正是成年人之于孩子的意义——引导。请别责骂，无论发生什么，都要告诉他们"我最喜欢你了"。孩子们一旦拥有了安心的感觉，自然能变得大胆，也会做得更好。

请帮助他们理解：如果学会整理，就再也不会找不到玩具和那些心爱的宝贝了。鼓励他们一边思考什么物品放在什么位置更方便，一边慢慢养成整理的习惯。

在日本有这样一句话："做给别人看，说给别人听，鼓励别人去做。如果做不到这些，对方就不会行动。"如果将这句话翻译成中国成语，也许"言传身教"这个词是再恰当不过的了。

没错，不做真正的尝试和实践，就无法真正理解。因此，请鼓励他们尝试，然后，一家人一起多进行几次"Try Again（再试一试）"吧。

跟孩子一起"Try Again（再试一次）"

分类

现在不会整理的孩子，未来就是不擅长运用逻辑思维的大人。

整理的第一步，要将玩具、文具、教科书等各种物品分成"当下正在使用的物品"和"过去使用的物品"这两大类。然后，再按照"经常使用""偶尔使用"等细化的标准进行进一步分类，可以用颜色等可视化记号做标注。

幼龄时期的孩子(0～2岁左右)通常由大人负责进行各种物品的整理和分类。但对于已经可以行走的孩子来说，完成"拿""取""放"等常规动作也同样没问题。此时，不必要求他们做具体的分类，那些不经常使用的物品依旧由家长处理。

从两岁以后，直到孩子能完全自主整理为止，父母需要和孩子一起进行整理训练。

在这个时期，整理和分类的方式(使用、不使用，重要、不重要)可以由孩子自己决定，家长可以决定每种物品的数量。也就是帮助孩子树立"边界"和"限度"的意识，让他们知道玩具箱的空间和玩具的数量，以及置物架的空间和数量，等等。

购物的欲望随时都会发生，人们总是喜欢源源不断地购入物品。一旦收纳空间无法承载那些物品，那么物品就会泛滥成灾，地板上、桌子上、床上……到处都是。

在日本，最糟糕的情况是物品甚至超出了整个屋子的承载能力，一直堆积到屋外。在中国，也同样会有很多家庭把东西堆在公用楼道内。

因此，从小就要不断提醒孩子：东西也有自己的家！并告诉他们没必要留下那些超过收纳空间承载能力的物品，而只留下收纳空间可以承受的物品数量。据此培养孩子"留下哪些、舍弃什么"的选择和决断力，这也能让"整理"变得更加容易。

与此同时，家长自己也要以身作则，购入物品的数量一定不要超过既有收纳空间的面积。

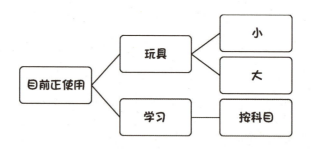

那么，需要如何进行整理？

整理孩子房间之外的空间

为了给孩子一个"良好范例"，首先要将不包括孩子房间在内的其他家庭空间整理好。整理居家环境，并保持干净整洁，让自己在此过程中提升整理能力，然后再开始教育和引导孩子进行整理。

家中只存放必要的物品的话，孩子会因此懂得珍惜物品（因为没有更多的物品可以挥霍）。而如果整体家居环境凌乱不堪，那么孩子会自然而然地认为整理自己的房间没有意义。

相反，干净、整洁、有序的居家秩序会令孩子产生"多做几次一定能成功"等积极的想法，进而培育挑战精神。毋庸置疑，舒适有序的居家环境、温和理性的父母，会让每一个家庭成员都感觉身心舒适。

整理	• 从家里去除不需要的东西 • 家里只留下需要的东西
布置	• 放在要用的场所的附近 • 只留能收纳的量
收纳	• 易取出，易收纳 • 花功夫使东西容易找到

一回到家就能看到充满活力的玄关

入口处（玄关）只留出入家门的必备物件，不要放置任何杂物。可设置用来存放鞋子、伞等物品的收纳位置。

客厅、饭厅、厨房

避免任何多余的物品放置在大空间的水平面上。桌子、沙发、

架子、化妆桌、长桌、厨房桌面等空间最好能确保"清爽而整洁"。这些地方一旦存在杂物，就很容易"泛滥成灾"。

水的使用场所（厕所、洗漱台、浴室）

在厕所、洗漱台、浴室等经常"湿淋淋"的空间里，常会由于汗水、皮脂等各种肉眼不可视的"人体废弃物"，而出现卫生死角。如果长期置之不理，这些地方就会脏乱不堪，甚至滋生大量细菌。

因此，这部分地方每天都需要做的"卫生功能场所"的清理工作，更应该有孩子的积极参与。

物品的整理收纳和循环使用

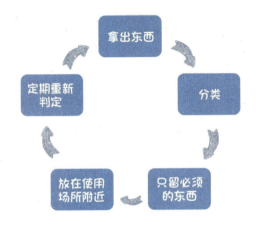

孩子的房间

　　和孩子一起打扫他的房间吧，直到他们完全可以自行打扫干净为止。当父母不再需要参与孩子的房间整理时，也需要偶尔检查一下房间的状况，直到孩子真正养成持久的整理、清洁习惯。

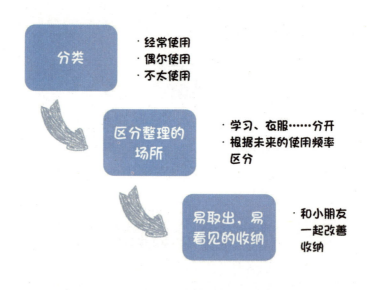

分类
· 经常使用
· 偶尔使用
· 不太使用

区分整理的场所
· 学习、衣服……分开
· 根据未来的使用频率区分

易取出，易看见的收纳
· 和小朋友一起改善收纳

整理的场所、习惯以及其他

· 将物品收纳在经常使用的空间及其附近（便于在需要使用时即刻取出，并在使用完后立即归位）。

· 容易产生垃圾的空间里一定要常备垃圾箱。

· 鞋子、外套等物件一定安放在出门之前取用最方便的区域，并确保其位置固定。

· 如果孩子习惯在餐桌上学习、画画，就必须让他们自己学会整理，因为桌面的主要功能是用餐，如果没有及时整理干净，让所有的文具杂物"占领"桌面，用餐就会受到影响。让学习用品在使用完毕后及时"回到"它们的固定位置，这是日常规则和培养"领地"意识的基本要求。

· 贴上标签。

· 尽量以最少的步骤完成收纳。

·购买物品时一定要精挑细选（文具有很多种，不要买流行一时的类型）。

·拿取物品并使用完毕后要及时归位，请不断提醒孩子，直到他们能自主做到为止。

·椅子的高度要根据孩子的身高变化不断进行调整。

容易取放的收纳空间（按年龄）

在3~8岁时的年龄段，父母可以为孩子准备高度适宜、便于取放的开放式置物架、收纳篮等收纳工具。先由父母决定物品摆放位置，分类标准则交由孩子自主制订。

如果孩子还不具备认字能力，那么在进行玩具的分类和收纳时，可以贴上图片标签等能生动直观、一目了然的方式作为分类信息提示。此外，父母们还需要努力创造一些能引起孩子浓厚兴趣的整理收纳方法。

此外，理应教会这个年龄段的孩子养成"用完归位"的生活习惯。

在9~12岁的年龄段，当孩子基本掌握比较全面的整理技能时，家长便可以让孩子参与到房间的布局和装饰中来，鼓励他们思考整理收纳、空间布局等整体设计与规划，但不必期待尽善尽美。

父母可以充当理性的协助者，邀请孩子一起购买收纳箱、窗帘、床单等用品，并让孩子自由选择自己的专用品物。与此同时，还可以明确地将专属房间的"使用和管理权"交给孩子——仿佛将房间做了租借形式的"授权"一样，以此培养孩子们的责任感。

并且，父母还可以跟孩子制定"合同"要求：一旦房间变得乱七八糟，"房主"就会果断收回管理权，孩子们的也将失去相应的自由和权利。

房子的产权本身就属于父母或祖父母，因此，成年之前的孩子就好比"借住"在此的"租客"，要文明地使用和爱护房间，定期进行认真收拾和打扫。毕竟，一旦孩子从小就养成弄脏房间还不会整理的坏习惯，会对其未来的发展产生很大的负面影响。

对13岁以上的孩子来说，日常生活已经可以做到完全独立，倘若此时还无法整理好文具、衣物等生活物品，那么，家长就必须重新研究更适合他们的整理和收纳方法。同时，还可适当地给予自己一些反馈意见，并规定孩子必须和家长一样，只能拥有收纳空间体积所能承载的数量的物品。

分担家务

在有悠久历史的欧洲贵族家庭中，家务，作为对孩子素质教育的重要一环，从来不会交由佣人全部承担，孩子必然会被要求参与其中，与大人共同分担家务。毕竟，家务能力也是社会发展能力的重要组成部分。

传统的日本社会同样重视从小培养孩子的家务能力，可惜，如今却没有坚持这一传统，这可能会导致未来优秀的经营者和企业家逐渐减少。

在公司里，各种事务由不同岗位的人员负责并为此承担责任。在家庭内部，家务同样需要家庭成员们共同分担。大家一起生活，履行相应职责。

比如，工作日的晚饭由阿姨做，周末就由大人亲自下厨，孩子负责收拾餐碗。家长们可根据孩子的年龄规定需要承担的家务，如餐前擦桌子，早上倒茶等。让孩子逐渐养成主动分担家务的习惯。

人在做家务时，大脑会自主整理各种事务的先后顺序，使其更加快速、高效地推进，并达成最终目标，这无疑有利于孩子们的思维发展。总之，在家务中获得的大脑思维训练成果，是无法在学校作业和考场上获得的。

以做料理为例

打算做什么菜 →	计划和创造新事物
利用现有材料 →	动脑思考
时间有限 →	重组顺序
考虑摆盘 →	设计、颜色、品位

制作料理的过程，需要一边动手一边动脑，同时充分地利用视觉、嗅觉等，这会令我们的大脑更加活跃，也更有利于大脑的健康。

与之相似，脑部科学研究表明，由于钢琴技能的训练同样需要利用手部、大脑、视线和听觉，因此，从小学习乐器的孩子也更容易提升学习能力。

孩子自己的衣服应该让他们自己清洗、晾晒和整理，父母顺便可以教会孩子管理自己的衣橱，并让孩子尽早懂得选择适合自己的衣服，这对未来孩子商务技能的提高有很大帮助。

此外，让孩子养成将废弃物扔进专用垃圾箱的习惯也十分重要，在脏乱环境中长大的孩子容易缺乏自我肯定感和自我尊重，而居住环境无疑是一个人内心状态的生动投影。

一家人也要确立家庭的内部规则，毕竟，无法适应小集体生存模式的人，也会更难融入大集体生活。

既不懂遵守规定、又做不到使用完后进行物品归位的人，很难获得他人的信赖，更不可能成为有魄力的领导者。而适当严格的家教，无疑有助于孩子的全方位发展。

所谓的整理，仅仅是指整理房间吗？

一说整理，很多人首先就会想到整理房间。然而，这个世界上存在很多需要整理的事物，包括工作、问题、事件，等等，它们都是房间之外需要被"整理"的无形事物。

为什么这些都是"整理"？因为如果没有清晰的逻辑，不在"真正结束"一件事后再开始处理另一件事，就会导致各种事物泛滥成灾，甚至最终无法处理。和被物品充斥的房间一样，不懂整理、逻辑思维混乱的人，也往往无法顺利地投入学习和工作。

整理，使人在思考处理当下问题的同时，也能慢慢掌握使整个房间都变得舒适的逻辑思考能力。而同样，面对堆积如山的工作，请把它当成一个需要整理的混乱房间，整理出归纳、处理所需的"优先顺序"，然后有条不紊地完成。

其实，所谓整理，也就是"选择"。如果找不到自己的目标、人生、理想，那就无从做出选择。也许，让孩子确定人生目标这件事难度比较大，但我们可以从孩子当下的小兴趣、小目标入手，引导他们学习"选择"。比如"喜欢的玩具""觉得有趣的游戏""感兴趣的动物"等。

对于经常玩的玩具和经常使用的物品，应该收纳在可以高效取放的位置，那么间接性使用的物品该如何收纳呢？请记住，物品的摆放位置并非一成不变，而要经常根据不同时期的使用频率，及时更换物品的收纳位置。

虽然明确自己"想做的事""喜欢的事"和"擅长的事"并不简单，但也一定要及早进行。因为孩子大脑中存在着很多"兴趣空间"。例如，看到虫子时，孩子会问："这就是虫子吗？"看到美丽的花朵，孩子会问："为什么花儿有这么多颜色呢？"

可惜的是，这种可贵的"兴趣空间"会随着孩子年龄的增加而不断减少。

是的，始终被学习、考试、作业"催赶"的孩子，会加速减少"兴趣空间"，变得像大人一样难以对各种事物提起兴趣，也懒于尝试。一旦让过多的事务占据大脑，"想做"就会变成"不得不做"。久而久之，人就会疲于应付、缺乏干劲。

因此，当你拥有足够宽裕的时间和轻松的环境氛围时，请善用"整理"的方法，让头脑时刻保持清醒和高效。